中华优秀传统文化是炎黄子孙共同的精神家园

唐才子传选译

张　萍
陆三强　译注
黄永年　审阅

古代文史名著选译丛书

（珍藏版）

主编　章培恒　安平秋　马樟根

凤凰出版社

图书在版编目（CIP）数据

唐才子传选译 / 张萍，陆三强译注. -- 南京 : 凤凰出版社，2017.1（2024.11重印）
（古代文史名著选译丛书 : 珍藏版 / 章培恒，安平秋，马樟根主编）
ISBN 978-7-5506-2492-4

Ⅰ. ①唐… Ⅱ. ①张… ②陆… Ⅲ. ①诗人－列传－中国－唐代②《唐才子传》－译文③《唐才子传》－注释 Ⅳ. ①K825.6

中国版本图书馆CIP数据核字(2016)第257428号

书　　名　唐才子传选译
主　　编　章培恒　安平秋　马樟根
译 注 者　张　萍　陆三强
责任编辑　王淳航
装帧设计　姜　嵩
责任监制　程明娇
出版发行　凤凰出版社(原江苏古籍出版社)
　　　　　发行部电话025-83223462
出版社地址　南京市中央路165号,邮编:210009
照　　排　江苏凤凰制版有限公司
印　　刷　唐山楠萍印务有限公司
　　　　　唐山市芦台经济开发区场部
开　　本　850×1168毫米　1/32
印　　张　9.25
字　　数　192千字
版　　次　2017年1月第1版
印　　次　2024年11月第3次印刷
标准书号　ISBN 978-7-5506-2492-4
定　　价　89.00元
　　　　　(本书凡印装错误可向承印厂调换,电话:022-69381996)

目录

前 言

唐代是我国诗歌最兴盛的朝代，在将近三百年时间里，上自帝王将相，下则普通文人以至僧道，都喜欢写诗，产生了许多优秀的诗人和杰出的诗篇。单就清朝人编集的《全唐诗》来说，就收了作者二千二百七十三人，诗篇四万九千四百零三首。当然这还只能说是唐代全部诗篇的一部分，因为在这以后还不断有人搜寻唐代人的诗篇来补《全唐诗》，还有许多恐怕随着时间的推移以及战乱水火等灾害而毁失了。但仅就这保存下来的来看，可以看到其中绝大多数都具有鲜明的风格，创造出不同的流派。唐代诗人除了继承魏晋南北朝的五言古诗体外，还写出了大量气势雄伟的七言古诗，大量表现出音律美的五言七言律诗、五言七言绝句和五言排律，可以说我国古典诗歌的格局基本上在唐代已奠定下来。以后宋诗固有其新的创造，元明清也出现过不少有才华的诗人，但总的说来还是在唐诗的基础上发展，很难超越唐诗在我国文学史上的伟大成就。

唐诗数量既如此之多，艺术成就又如此之高，自然引起人们的爱好，都想进入这个园地欣赏盛开的百花。水平高的可以看上面所说的《全唐诗》，还有许多大名家的集子，如李白的《李太白集》、杜甫的《杜工部集》、白居易的《白氏长庆集》之类，读这些书有困难的可以读我们这套《古代文史名著选译丛书》里的《李白诗选译》、《杜甫诗选译》……这是一个方面。再一方面，古人说“知人论世”，还应该了解诗人们的生平、经历。因为仕宦显达的人写起诗来往往体势阔大，词藻富丽；屈居下僚甚至终身布衣的人写起诗来自然格调低沉，时有牢骚；志乐田园的写起诗来自然襟抱旷达，韵味清雅；涉足边塞的写起诗来自然气魄雄伟，心胸开展。这至少在封建社会都是如此，唐诗作者何能例外？因此在读唐诗的同时，读一点作者的传记就很有必要。

从哪里可以找到唐诗作者的传记？《二十四史》里的《旧唐书》和《新唐书》里都有一些。《旧唐书》的《文苑传》里写了一百零五位文人的传，《新唐书》的《文艺传》里写了七十九位文人的传，当然这《文苑传》和《文艺传》里所记的人，有许多是重见的，还有许多人只长于文章而并不以诗见称，真正的诗人不过几十家。再加上没有写进这两种传而单独立传的像张说、张九龄、高适、韩愈、柳宗元、刘禹锡、元稹、白居易等总起来也没有好多，满足不了读唐诗者的需要。到了宋代，在南宋初年有位叫计有功的编写了一部八十一卷的《唐诗纪事》，收集作者多到一千一百五十家，超过了《旧唐书》、《新唐书》立传的诗人十多倍。可惜这一千一百五十家中有许多只记他的诗，没有写他的传，有些虽写了传可太简单，往往只有几句话，叫人读了提不起兴趣。要使人读了有兴趣，而所记载的作者又不要像《旧唐书》、《新唐书》那样只有寥寥几十位，就得推在《唐诗纪事》以后出现了另一部专著——在这里要给读者选译的《唐才子传》。它的卷数看起来倒不多，一共才十卷，但每个卷的分量大，十卷一共收了作者三百九十八家，这在数量上当然还不如《唐诗纪事》的一千一百五十家，可是除了附见姓名的一百二十家外，立专传的即有二百七十八家之多，每个专传少则一二百字，多的有一千多字，和《唐诗纪事》相比，可说迥然不同了。

这部《唐才子传》的作者姓辛，名文房，字良史，生在元朝前期，元人陆友仁写的《研北杂志》称他是西域人。西域在元人心目中指的地方极为广大，除了我国今天的新疆自治区外，还包括中亚以至印度半岛、西亚、东欧、北非等地区。辛文房祖上生活在哪里已不清楚，想来应该是新疆、中亚一带吧。从他用“辛”这个汉姓，还起汉名并用字来看，这个家族应早已入居汉族生活地区，并且深深地接受了汉族的文化，所以辛文房本人才会以能用汉文作诗得名。当时号称“四大家”之一的诗人杨仲宏在诗集里留有《元日早朝，次韵辛良史》的七言律诗，另一位诗人张雨在所撰《勾曲外史集》里也有《元日雪霁早朝大明宫和辛良史省郎二十二韵》的五言排律。这里所说省是指元朝的中书省，叫“辛良史省郎”，说明辛文房曾在大都（即今北京）的中书省任职。辛文房自己也有诗集叫《披沙集》，同时诗人马祖常的《石田集》里就有一首《题辛良史披沙集》的五言律诗，可惜这《披沙集》早已失传，所以辛文房和杨仲宏、张雨元日早朝的唱和诗也看不到了。除了这部《唐才子传》，辛文房只留下一首题为《苏小小歌》的七言古诗和一首《清明日游太傅林亭》的七言绝句，都因为选入元人苏天爵的《国朝文类》里才保存到今天。从这两首诗来看，多少有点中晚唐诗的韵味，这也是当时诗坛的风气。众所周知，宋诗经过北宋的苏轼、王安石，南宋的陆游、范成大、杨万里等大名家之后，已有走下坡路的趋势，所以元朝人又重新提倡学唐诗，尤其是学中唐晚唐诗。辛文房之所以要编写

《唐才子传》，而且在《唐才子传》中对中晚唐诗人写得更详细，恐怕与当时的诗坛风尚和辛文房的个人爱好很有关系。他的大名文房同于中唐诗人刘长卿的字，他的字良史又同于中唐诗人于良史的名，如果是他自己后来起的，那应该也是同样的原因。

现在再讲这部《唐才子传》。它最大的优点，就是内容丰富。《旧唐书》、《新唐书》里的诗人传记不用说已全部被吸收进去，《唐诗纪事》中的资料也被充分利用。另外辛文房还认真阅读了这些诗人的作品，有些作品尤其是诗的题目里讲到诗人的出处经历，也都被作为充实传记的资料。再则唐代已盛行科举，文人要想做官多数先得考中进士科，所以唐朝人就编过十多种《登科记》、《科第录》之类的东西，专门记载哪一年哪一科录取了哪些人，主考官是谁，考题是什么，宋朝人也编过几部唐人的《登科记》，这些《登科记》、《科第录》到元朝还保存了不少，所以辛文房在《唐才子传》里都能一一写出这些诗人们是哪年中的进士科，有时还讲出这一榜的第一名即榜首是谁，主考官是谁，而这些在《旧唐书》、《新唐书》、《唐诗纪事》里都是很少提到的。以后到明代，这些《登科记》、《科第录》统统失传了，清代学者徐松重新撰写唐代的《登科记考》，在很多地方转过来依赖《唐才子传》的记载，这也可说是《唐才子传》的一大功绩。此外，辛文房写《唐才子传》时还大量吸收唐人杂记小说中的资料，这些资料往往把诗人们的言行情态描绘得很生动，吸收这些资料大大地增加了《唐才子传》的可读性。当然，这些资料也存在着问题，即有时记述得不够真实，因为它毕竟是杂记小说而不是正式的史书传记，正式的史传有时还记载错，何况杂记小说？但即使这样，即使这位诗人并没有像《唐才子传》所记的说过这句话，做过这件事，并不能说在当时诗人中都不会这么说这么做，读者仍可从中领会唐代诗坛的风貌。金无足赤，人无完人，书也不会有十全十美的完书。辛文房毕竟只是一位文学家而不是史学家，元代的学风又不像清代那样讲究考证，在《唐才子传》里引用杂记小说而未能去伪存真，只能算是一个缺点而不好否定辛文房在唐诗研究上的成就，更不能否定《唐才子传》的整体价值。

《唐才子传》不仅内容丰富，在编写上也颇具条理。首先是诗人的姓名、字号，以及籍贯，有过科举经历的就记述中在哪一年，有时还说榜首是谁，主考官是谁，考不中的就说考不中。再是讲经历，做过什么官，仕途上一帆风顺还是困顿失意，是归老故乡还是逝世在任上。诗人如有好朋友的，还得讲他们之间的往来。有轶闻佚事，自然更在所必录。这些传有的写得详细，有的因资料缺乏比较简单，不强求一律。有些传后还加上一大段辛文房的议论，因为辛文房自己是诗人，所以这些议论也颇多精到之语，甘苦之谈，能做旧体诗的人读了会感到兴趣。此外，这部《唐才子传》在编排上也有独到之处，即除了开头对会做诗的唐太宗、玄宗、宪宗、德宗、文宗、僖宗六个皇帝写了篇“六帝”外，所有立传的诗人都按时代先后排列，而不考虑男女性别和其他因素，这在当时也可算是不容易的。因为封建社会里无论选诗或写传记，习惯上总是把僧侣和道士放在所有作家的后面，妇女更得放到最后。这有两个坏处，一是显得对宗教徒歧视，对妇女鄙视，再是这么做不利于对各个时期文学发展作全面的认识。在前此的《唐诗纪事》，以及后来的《全唐诗》，在编排上都免不了这个通病，而《唐才子传》独能例外，不能不说是辛文房的卓识。

《唐才子传》在开头有辛文房在元大德八年甲辰也就是公元 1304 年写的“引”即序言，大概《唐才子传》就在这时候全部写成。以后在元代就有刻本流传，到明代初年编集《永乐大典》时还把这《唐才子传》分拆开收了进去。以后不知怎么这部《唐才子传》在我国失传了，到清代乾隆年间修《四库全书》，才从《永乐大典》中把《唐才子传》重新搜辑出来，编成了八卷，已不是原书全貌。但在日本却有元代刊刻的十卷原书保存着，日本人还多次重刻重印。到清代嘉庆年间日本用活字重印的本子传进我国，国内才流行开这十卷足本。以后我国阅读这《唐才子传》的人日渐多起来，鲁迅先生为有志研究我国古典文学的青年开列了十二种必读书，这《唐才子传》就居首位。最近几年来，国内几个出版社分别出了《唐才子传》的点校本或注释本，其中中华书局出版傅璇琮先生主编的《唐才子传校笺》能在史实异同上作精密的考订，更具学术价值。但这些本子只有文言文的原文，一般读者阅读起来会发生困难，因此我们撰写了这个选译本，列入《古代文史名著选译丛书》让它能普及。

由于《丛书》的字数限制，我们这个本子只选译了一百位诗人，约当原书立有专传的三分之一略多一些，但一批著名的和比较著名的诗人都已基本入选。这些入选的传，有的全译，也有的作了删节。删节掉的一是涉及神怪迷信的东西，古人讲点神怪是不必奇怪的，当时的科学不发达，唯物主义在人们头脑中还不很具备，今天再译这些就不太合适。再是有些传里引用了诗人或其友人的诗篇，这些诗篇如译成白话很难传神，因此遇到明白易懂的就既不删也不作今译，只加点注帮助读者欣赏，遇到文义艰深就索性删节不译。再则如前所说，传里有些记述因为用了杂记小说而失实，如失实得厉害，也给予删节不译；如失实得不厉害，仍保存下来并译出，因为前面说过从这些记述仍可领会唐代诗坛风貌，删节不译反倒有点可惜。此外，辛文房所加的议论一般也删节不译，因为这些议论多数比较专门，一般读者不易领会也未必感兴趣。

《唐才子传》的原文用傅璇琮先生主编的《校笺》本，因为它作过认真的校勘，有些异文则择善而从，在这里不再注是据什么异本。注则要求简略而不事繁征博引，在史实有错误之处一般也不在注中作考订，因为考订起来非三言两语可了，而讲得太多又不合本《丛书》的体制。好在一般读者也未必需要阅读考订方面的文字，如有需要可去查阅傅璇琮先生主编的《校笺》。

在每个传之前写有简短的话，主要告诉读者此人的诗在《全唐诗》多少卷，以便有兴趣的读者去对照翻读这些诗作。

张　萍（陕西师范大学）
陆三强（未来出版社）

卷 一

王 绩

王绩生于公元 585 年，卒于公元 644 年。做过短时间的小官，不久就辞官归隐了。《全唐诗》卷三七收有他的诗歌。他的诗带有隐士文学常有的质朴清新。虽然摆脱了南朝绮靡诗风的影响，但仍不是唐代诗人寻找的创作上的新路子。属于朝代转换时期的隐士诗。

绩，字无功，绛州龙门人①。文中子通之弟也②。年十五游长安，谒杨素③，一坐服其英敏，目为“神仙童子”。隋大业末④，举孝廉高第⑤，除秘书正字⑥。不乐在朝，辞疾，复授扬州六合县丞⑦。以嗜酒妨政，时天下亦乱，遂托病风，轻舟夜遁。叹曰：“网罗在天，吾将安之？”乃还故乡。至唐武德中⑧，诏征以前朝官待诏门下省⑨。绩弟静谓绩曰：“待诏可乐否？”曰：“待诏俸薄，况萧索，但良酝三升，差可恋耳。”江国公闻之曰⑩：“三升良酝，未足以绊王先生。”特判日给一斗。时人呼为“斗酒学士”。贞观初，以疾罢归。河渚间有仲长子光者[11]，亦隐士也，无妻子。绩爱其真，遂相近结庐，日与对酌。君有奴婢数人，多种黍，春秋酿酒，养凫雁、莳药草自给[12]。以《周易》、《庄》、《老》置床头[13]，无他用心也。自号“东皋子”[14]。虽刺史谒见[15]，皆不答。终于家。性简傲，好饮酒，能尽五斗，自著《五斗先生传》。弹琴，为诗，著文，高情胜气，独步当时。撰《酒经》一卷，《酒谱》一卷。李淳风见之曰[16]：“君酒家南、董也[17]。”及诗赋等传世。

【注释】

① 字：表字，旧时人名之外的别名，常与名有意义上的联系。此处“无功”就是“绩”的反面。绛州：治所在今山西新绛。龙门：在今山西河津。② 文中子：隋王通的私谥。王通，字仲淹，隋哲学家，主张儒、道、佛三教合一，以儒为立足点。③ 杨素(544—606)：隋弘农华阴(今陕西华阴)人，任尚书左仆射，执掌朝政。④ 大业：隋炀帝年号，使用于公元605—618年间。⑤ 孝廉：指隋代科举中的孝悌廉洁科。⑥ 秘书正字：秘书指秘书省，掌理图籍的官署。正字是秘书省的属官，与校书郎同掌校正书籍。⑦ 扬州：治所在今江苏扬州。六合：今江苏六合。县丞：官名，辅佐县令掌文书仓狱。⑧ 武德：唐高祖年号，使用于公元618—626年间。⑨ 待诏：等候君命。门下省：与中书省同掌机要，共议国政并负责审查诏令、签署章奏的官署。⑩ 江国公：陈叔达，南朝陈宣帝之十六子，入唐授丞相府主簿，后拜侍中，进封江国公。⑪ 河渚：渚本是河里的小块陆地，

河渚指黄河边可种植的河滩地。仲长子光：复姓仲长，字不曜，唐洛阳人，在此隐居。⑫ 凫(fú)雁：这里指野鸭。莳(shì)：移栽，栽种。⑬ 周易：亦称《易经》，《五经》之一，包括经和传两部分，经本是占卦书，传是儒家加上的理论。庄：即《庄子》，亦称《南华经》。老：即《老子》，又称《道德经》。这两部书都是先秦时的道家著作，南北朝时很流行。⑭ 东皋子：东皋泛指田野或高地。王绩《自撰墓志》云："尝耕东皋，世号东皋子。"故以为号。⑮ 刺史：州的长官。⑯ 李淳风(602—670)：唐岐州(今陕西凤翔)人，精通天文历算，官至太史令。⑰ 南、董：春秋时齐国史官南史，晋国史官董狐，皆以直笔不讳著称，这里借用来指忠实严谨的著作家。

【翻译】

王绩，字无功，绛州龙门人。文中子王通的弟弟。十五岁时出游长安，拜见杨素，在座的人都佩服他的聪明机敏，把他看做"神仙童子"。隋大业末年，高中孝悌廉洁科，任为秘书正字。他不喜欢在朝廷里，借口有病，又出任扬州六合县丞。因爱喝酒而妨碍政事，正好天下发生战乱，就推托有风病，夜晚驾小船逃走。感叹道："天上布下罗网，我能去哪里？"就回到家乡。到唐武德年间，下诏征求前朝官员到门下省待诏。王绩的弟弟王静问他："做待诏满意吗？"王绩回答说："待诏俸禄微薄，又萧条冷落，但有好酒三升，还稍可留恋。"江国公听到说："三升好酒，不足以拴住王先生。"特批每天给他一斗酒。被当时人称为"斗酒学士"。贞观初年，因有病离职回家。河渚间有叫仲长子光的,也是个隐士,无妻无子。王绩欣赏他的质朴,于是在仲长子光邻近盖房子居住,每天相对饮酒。王绩有几个奴婢,大多种黍,春秋时酿酒,养野鸭、种草药以自给。床头放着《周易》、《庄子》、《老子》,别的再也不去用心。自号"东皋子"。即使刺史来拜见,也一概不应酬。老死在家里。王绩性情傲慢,喜好饮酒,一次能喝完五斗,自撰《五斗先生传》。弹琴,作诗,写文章,情趣高超,独步于当时。著有《酒经》一卷,《酒谱》一卷。李淳风见了说:"您真是酒家的南、董。"《酒经》和他所作的诗赋等都流传下来。

王　勃

王勃生于公元650年，卒于公元676年。与杨炯、卢照邻、骆宾王齐名，被称为“初唐四杰”。《全唐诗》卷五五、五六收有他的诗。“四杰”的重要贡献，是把视野从宫廷、台阁转向民间，展现了更为广阔的世界，扩大了诗的题材，并开始出现昂扬的感情基调。王勃的诗主要抒写羁旅行役，言怀赠别。

勃字子安，太原人①，王通之诸孙也。六岁善辞章。麟德初②，刘祥道表其材③，对策高第④。未及冠⑤，授朝散郎⑥。沛王召署府修撰⑦。时诸王斗鸡⑧，勃戏为文檄英王鸡⑨，高宗闻之怒，斥出府。勃既废，客剑南⑩，登山旷望，慨然思诸葛之功⑪，赋诗见情。又尝匿死罪官奴⑫，恐事泄，辄杀之，事觉当诛，会赦除名。父福畤坐是左迁交趾令⑬。勃往省觐⑭，途过南昌⑮。时都督阎公新修滕王阁成⑯，九月九日，大会宾客，将令其婿作记，以夸盛事。勃至入谒[17]，帅知其才，因请为之。勃欣然对客操觚[18]，顷刻而就，文不加点，满座大惊。酒酣辞别，帅赠百缣[19]，即举帆去。至炎方[20]，舟入洋海溺死，时年二十九。勃属文绮丽，请者甚多，金帛盈积，心织而衣，笔耕而食。然不甚精思。先磨墨数升，则酣饮，引被覆面卧，及寤，援笔成篇，不易一字，人谓之“腹稿”。尝言人子不可不知医，时长安曹元有秘方[21]，勃尽得其术。又以虢州多药草[22]，求补参军[23]。倚才陵籍[24]，僚吏疾之。有集三十卷及《舟中纂序》五卷，今行于世。

【注释】

① 太原：今山西太原西南。王勃应为绛州龙门(今山西河津)人。② 麟德：唐高宗年号，使用于公元 664—665 年间。③ 刘祥道(596—666)：唐魏州观城(今河北清丰南)人。麟德初拜右相。④ 对策：王勃在麟德三年举幽素科中式。对策，就是考试回答问题，也泛指科举考试。⑤ 冠(guàn)：古代男子二十岁行成年冠礼加冠，后把男子二十岁称冠。⑥ 朝散郎：侍从皇帝并固定职事的官，位在朝散大夫之下。⑦ 沛王：高宗第六子李贤，永徽六年封潞王，龙朔元年徙封沛王。修撰：唐代王府的属官。⑧ 斗鸡：以鸡相斗的游戏，唐代贵族中很流行。⑨ 英王：高宗第七子李显，初封周王，仪凤二年徙封英王。永隆元年立为太子，弘道元年十二月即位即中宗。⑩ 剑南：唐剑南道，道是行政区划名，唐太宗分天下为十道，玄宗时分为十五道。一般按山河形势之便划分。剑南道以在剑阁之南得名。

包括今四川涪江流域以西，大渡河流域和雅砻江下游以东；云南沧江、哀牢山以东，曲江、南盘江以北；贵州水城、普安以西和甘肃文县一带。⑪ 诸葛：即诸葛亮（181—234）：三国蜀汉政治家、军事家。⑫ 官奴：古时人因犯罪而被没收入官府作奴隶。⑬ 福畤（zhì）：即王福畤，王通之子，王勃之父，历任太常博士、雍州司功参军。交趾：交趾县，今越南河内西北。⑭ 省（xǐng）觐（jìn）：省，探望、问候。觐，拜见。⑮ 南昌：洪州治所，今江西南昌。⑯ 都督：地方军政长官，都督州军事，兼州刺史。滕王阁：故址在今江西南昌赣江滨。唐高祖子滕王元婴为洪州刺史时始建，现又新修。⑰ 谒（yè）：请见，进见。⑱ 操觚（gū）：操，持；觚，木简。操觚指作文。⑲ 缣（jiān）：双丝的细绢。⑳ 炎方：南方炎热之地，多指今湖南以南两广以及更南的地方。㉑ 曹元：唐代名医，字真道，京兆人。㉒ 虢（guó）州：治所卢氏，今河南卢氏。㉓ 参军：官名，唐代诸卫及王府、地方府州都置录事等若干参军。㉔ 陵籍：欺压。

【翻译】

王勃，字子安，太原人，王通的孙儿。王勃六岁时就擅长辞章。麟德初年，刘祥道上表称赞他的才干，以高名次对策及第。还没到二十岁，就授为朝散郎。沛王又把他招入府中做修撰。当时诸王斗鸡，王勃开玩笑写了篇给英王的鸡的檄文。高宗知道了很生气，将他赶出沛王府。王勃罢官以后，客居剑南，登山望远，很感慨地想起诸葛亮的功业，写诗表达情思。又曾经隐藏了一个犯了死罪的官奴，怕事情败露，就把这个官奴杀了。事被发觉该处死，正赶上大赦就只除名。父亲王福畤被牵连贬为交趾县令。王勃前往探望，路过南昌。当时都督阎公新修成滕王阁，九月九日，大宴宾客，准备让他的女婿写篇记，来夸耀这一盛事。王勃到此拜见阎公，阎公知道他的才华，就请他来作记。王勃欣然对客提笔，一会儿就写成了，还不加修改，满座宾客大为惊奇。酒酣辞别。阎公赠送他一百匹缣，他就扬帆离去。到了炎方，船入大海，王勃被淹死，当时是二十九岁。王勃诗文华丽，请他作文的人很多，家里堆满了帛。靠心织来穿衣，靠笔耕来饮食。但也不用苦心思索。而先磨好几升墨，然后痛快饮酒，躺下拉过被子蒙面大睡，醒来后，提笔就写成，一个字也不须改动，人们称之为“腹稿”。他曾说做儿子的不能不懂点医，当时长安有个叫曹元的有秘方，王勃把他的本领统统学到手。又因为虢州多产药草，王勃请求去虢州做参军。他倚仗有才欺凌人家，同事们都很讨厌他。他留下集子三十卷、《舟中纂序》五卷，如今在世上流传。

杨　炯

杨炯生于公元650年，大约卒于公元693年。《全唐诗》卷五〇收有他的诗歌。他在“四杰”中，诗歌数量较少，成就也稍低。写边塞生活的五律较有特色，有昂扬的气势。

炯，华阴人①。显庆六年举神童②，授校书郎③。永隆二年④，皇太子舍奠⑤，表豪俊，充崇文馆学士⑥。后为婺州盈川令⑦，卒。炯恃才凭傲，每耻朝士矫饰，呼为“麒麟楦”。或问之，曰：“今假弄麒麟戏者，必刻画其形覆驴上，宛然异物，及去其皮，还是驴耳！”闻者甚不平，故为时所忌。初，张说以箴赠盈川之行⑧，戒其苛刻，至官果以酷称。炯博学善文，与王勃、卢照邻、骆宾王以文辞齐名，海内称“四才子”，亦曰“四杰”，效之者风靡焉。炯尝谓：“吾愧在卢前，耻居王后。”张说曰：“盈川文如悬河，酌之不竭。耻王后，愧卢前，谦也。”有《盈川集》三十卷行于世。

【注释】

① 华阴：今陕西华阴。② 显庆：唐高宗李治年号，使用于公元656—661年间。神童：指科举中的“童子科”。③ 校书郎：唐代秘书省及弘文馆所置官，掌校勘书籍、订正讹误。④ 永隆：唐高宗李治年号，使用于公元680—681年间。⑤ 太子：指高宗第七子李显。舍奠：指释奠礼，陈设酒食以祭奠先圣先师。⑥ 崇文馆：唐贞观十三年设崇贤馆，上元二年改崇文馆，置学士，掌经籍图书，教授生徒。⑦ 婺（wù）州：治所在今浙江金华。盈川：在今浙江衢州东北。令：即县令，县的行政长官。⑧ 箴（zhēn）：文体的一种，用以规劝训诫。

【翻译】

杨炯，华阴人，显庆六年中童子科，任为校书郎。永隆二年，皇太子行释奠礼，表彰有才干的人，让杨炯充任崇文馆学士。以后又做婺州盈川县令，死在任上。杨炯恃才傲物，对朝中官员矫饰的行为很反感，称他们为“麒麟楦”。有人不明白就问他，他说：“现在弄麒麟戏的，必须刻画出麒麟的形状覆盖在驴子身上，看上去很像麒麟，等揭去皮，还是个驴子罢了！”听到的人很不满，因而被当时所忌。当初，张说在杨炯赴任盈川令时写了篇箴赠他，告诫不要苛刻对人，杨炯到任后果然有严酷之称。杨炯博学，善写诗文，和王勃、卢照邻、骆宾王以文辞齐名。海内称为“四才子”，也叫做“四杰”，仿效他们的人风靡一时。杨炯曾说：“我为排在卢照邻之前而惭愧，为屈居王勃之后而耻辱。”

张说说："杨盈川写文章像从高处流下的大河，酌之不尽。说耻居王勃之后，但愧在卢照邻之前，是他谦虚。"有《盈川集》三十卷在世上流传。

卢照邻

卢照邻大约生于公元634年,卒于公元685年。《全唐诗》卷四一、四二收有他的诗。他的诗以七言歌行最为擅长,思考了人生倏忽即逝的哲理,却没有悲观厌世的情调。

照邻，字昇之，范阳人[①]，调邓王府典签[②]，王爱重，谓人曰："此吾之相如也[③]！"后迁新都尉[④]，婴病去官[⑤]。居太白山草阁[⑥]，得方士玄明膏饵之[⑦]。会父丧号恸，因呕丹辄出，疾愈甚。家贫苦，贵宦时时供衣药。乃去具茨山下[⑧]，买园数十亩，疏颍水周舍[⑨]，复豫为墓，偃卧其中，自以当高宗之时尚吏，己独儒；武后尚法，己独黄老[⑩]；后封嵩山[⑪]，屡聘贤士，己已废。著《五悲文》以自明。手足挛缓，不起行已十年。每春归秋至，云壑烟郊，辄舆出户庭，悠然一望。遂自伤，作《释疾文》，有云："覆焘虽广[⑫]，嗟不容乎此生；亭育虽繁[⑬]，恩已绝乎斯代。"与亲属诀，自沉颍水。有诗文二十卷及《幽忧子》三卷行于世⑭。

【注释】

① 范阳:今河北涿州。② 邓王:李元裕,唐高祖第十七子,封邓王。典签:唐代诸王府掌表启书疏、宣行教命的官。③ 相如:即司马相如(公元前179—公元前117),西汉辞赋家。字长卿,蜀郡成都(今四川成都)人。④ 新都:在今四川成都北。尉:县尉,辅佐县令管理地方治安的官。⑤ 婴:缠绕,此作"被……所缠绕、所羁绊"讲。⑥ 太白山:在今陕西周至西南太白县东南。⑦ 方士:古代好讲神仙方术的人,求仙炼丹,自吹能长生不老。饵:食。⑧ 具茨山:在河南禹州。⑨ 颍水:即颍河,源于河南嵩山西南,流向东南,至安徽汇入淮河。周:环绕。⑩ 黄老:黄帝与老子,道家祖述黄、老。⑪ 嵩山:古称中岳,在河南登封北。⑫ 覆焘:也作覆帱,是覆盖的意思,这里借指天地。⑬ 亭育:养育、培育,这里指天地养育万物。⑭ 幽忧子:卢照邻自号幽忧子,又用来作为所著书的书名。

【翻译】

卢照邻,字昇之,范阳人。调任邓王府典签,邓王很赏识他,对人说:"这是我的司马相如啊!"后来迁任新都县尉,因病缠身而辞去官职。住在太白山的草阁里,弄到方士的玄明膏来服用。遇上父亲去世悲痛号哭,接着呕吐,把丹药吐了出来,病情更加严重。家里贫苦,一些阔官常常供给他衣服药物。他前往具茨山下买了数十亩地的庄园,引来颍水环绕房舍。还事先给自己造了墓,就在墓里睡觉休息。自认为高宗时崇尚吏治，自己却从事儒术；武后提倡法治，自己却奉行黄老；后来封禅嵩山，屡次聘用贤士，自己却已成为废人。就写了《五悲文》来诉说表白。他手脚麻痹，不能起来行走已达十年。每到春尽秋来，旷野云烟缭绕，就抬出庭院，悠然远望。感伤自己这一生，作《释疾文》，云："天地虽大，可叹容不下此生；养育虽多，恩情已绝于当代。"和亲属诀别，自己投入颍水而死。有诗文二十卷及《幽忧子》三卷流传于世。

骆宾王

骆宾王大约生于公元 619 年,卒于公元 685 年。《全唐诗》卷七七至七九收有他的诗。他生活经历丰富,擅长七言歌行,在“四杰”中诗作最多。题材或写羁旅,或叹人生,有时还跳出狭小生活圈子,抒发情怀,傲岸的气概从中涌出,比前辈有所进展。

宾王,义乌人①。七岁能赋诗。武后时,数上疏言事,得罪,贬临海丞②,鞅鞅不得志③,弃官去。文明中④,徐敬业起兵欲反正⑤,往投之,署为府属⑥。为敬业作檄传天下,暴斥武后罪,后见读之,矍然曰⑦:“谁为之?”或以宾王对,后曰:“有如此才不用,宰相过也!”及败亡命,不知所之。后宋之问贬还⑧,道出钱塘⑨,游灵隐寺⑩,夜月行吟长廊下,曰:“鹫岭郁岧峣⑪,龙宫隐寂寥⑫。”未得下联。有老僧燃灯坐禅,问曰:“少年不寐,而吟讽甚苦,何耶?”之问曰:“欲题此寺，而思不属。”僧笑曰：“何不道‘楼观沧海日，门对浙江潮’？”之问终篇曰：“桂子月中落，天香云外飘。扪萝登塔远⑬，刳木取泉遥⑭。云薄霜初下，冰轻叶未凋。待入天台寺⑮，看余渡石桥。”僧一联篇中警策也。迟明访之⑯，已不见。老僧即骆宾王也，传闻桴海而去矣⑰。后中宗诏求其文⑱，得百余篇，及诗等十卷，命郄云卿次序之，及《百道判集》一卷，今传于世。

【注释】

① 义乌：婺州属县，今浙江义乌。② 临海：今浙江临海。③ 鞅鞅：心里极为不满的样子。④ 文明：唐睿宗年号，使用于公元684年。⑤ 徐敬业（？—684）：唐曹州离孤（今山东东明）人，官太仆少卿、眉州刺史，袭封英国公，武后时在扬州举兵匡复唐室，兵败被杀。⑥ 府属：徐敬业自称匡复府上将，骆宾王为其属官。⑦ 矍（jué）：吃惊的样子。⑧ 宋之问：本书有传，已入选。⑨ 钱塘：今浙江杭州。⑩ 灵隐寺：在今浙江杭州西湖西北灵隐山麓，始建于东晋咸和元年（326）。⑪ 鹫岭：即鹫山，在印度。相传灵隐山东南飞来峰，即由灵鹫山小岭飞来，因又名灵鹫峰。岧峣：山势高峻的样子。⑫ 龙宫：岩洞名，在飞来峰下，名龙泓洞。⑬ 萝：多年生蔓草。⑭ 刳（kū）木：刳是挖空，这里指挖了木槽以使泉水外流。⑮ 天台寺：天台山在浙江天台县北，上有国清寺。⑯ 迟明：等到天明，黎明。⑰ 桴海：桴（fú），小筏子。喻乘小舟浮海。案这个为宋之问续诗的故事，出于后人编造，并非事实。⑱ 中宗：唐中宗李显，684及705—710年在位。

【翻译】

骆宾王，义乌人。七岁就能写诗。武后时多次上疏议论政事，得罪朝廷，被贬为临海县丞，鞅鞅不得志，弃官而去。文明年间，徐敬业起兵恢复唐室，骆宾王前去投奔，做了匡复府属官。给徐敬业写了檄文传布天下，怒斥武则天的罪行。武后见到读了，吃惊地问道："这是谁写的？"有人告诉她是骆宾王，武后说："有这样的才能不被任用，是宰相的过失啊！"到兵败逃亡，不知去向。后来宋之问贬官回京，路过钱塘，游灵隐寺，夜晚月色下在长廊边走边吟诗，吟道："鹫岭郁苕峣，龙宫隐寂寥。"没有能联下去。有一老僧正在灯下坐禅，问道："年轻人夜晚不睡觉，吟诗甚苦，干什么呢？"之问答道："我想给寺题诗，而思路联不下去。"老僧笑着说："为什么不说'楼观沧海日，门对浙江潮'？"之问才接着吟道："桂子月中落，天香云外飘。扪萝登塔远，刳木取泉遥。云薄霜初下，冰轻叶未凋。待入天台寺，看余渡石桥。"而老僧的一联却是全篇警句。等到天明，宋之问去拜访老僧，已不见了。这老僧就是骆宾王，传说已乘舟浮海走了。后来中宗下诏征集他的文章，得到一百多篇，还有诗等一共十卷，诏令郗云卿编次写序文，还有《百道判集》一卷，如今流传于世。

杜审言

杜审言大约生于公元645年，卒于公元708年。《全唐诗》卷六二收有他的诗。他和李峤、苏味道、崔融都是武后时的宫廷诗人，而以他的成就为高。所作诗感情自然浓烈，特别是流贬后的作品，把一种思归的心情写得真挚浑厚，不作雕饰。他是伟大诗人杜甫的祖父。

审言，字必简，京兆人①。预之远裔②。咸亨元年宋守节榜进士③，为隰城尉④。恃高才，傲世见疾。苏味道为天官侍郎⑤，审言集判⑥，出谓人曰："味道必死。"人惊问何故，曰："彼见吾判，当羞死耳！"又曰："吾文章当得屈、宋作衙官⑦，吾笔当得王羲之北面⑧！"其矜诞类此。坐事贬吉州司户⑨。及武后召还，将用之，问曰："卿喜否？"审言舞踏谢。后令赋《欢喜诗》，称旨，授著作郎⑩，为修文馆直学士⑪，卒。初，审言病，宋之问、武平一往省候⑫，曰："甚为造化小儿相苦⑬，尚何言！然吾在，久压公等。今且死，但恨不见替人也。”少与李峤、崔融、苏味道为“文章四友”⑭。有集一卷，今不存，但传诗四十余篇而已。

【注释】

① 京兆：唐京兆府，治所在今陕西西安。② 预：杜预（222—284），西晋将领、学者，字元凯，京兆杜陵（在今陕西西安东南）人，撰有《春秋经传集解》。远裔：世代遥远的后裔。③ 咸亨：唐高宗年号，使用于公元670—674年间。宋守节榜：指宋守节为首的榜，榜就是公布的中式名单。进士：进士科，唐科举中最热门的一科。④ 隰（xí）城：在今山西汾阳西。⑤ 苏味道（648—705）：唐赵州栾城（今河北栾城）人，文学家。武后时官居相位。天官：即尚书省的吏部，唐武则天时曾一度改吏部为天官，旋复旧称。侍郎：唐尚书省各部长官叫尚书，副的叫侍郎。⑥ 判：处理案件的文辞。试写判是当时吏部考试的内容之一。⑦ 屈、宋：指战国时楚屈原和宋玉。衙官：军府的属官。这是杜审言自夸文章远高于屈、宋。⑧ 笔：笔迹、书法。王羲之（321—379，一作303—361）：东晋书法家。北面：中国古礼以北面为尊长之位，所以拜人为师，或向人称臣，过去叫北面。⑨ 吉州：治所在庐陵，今江西吉安。司户：州府主管民户的属官。⑩ 著作郎：唐代著作局的长官，掌撰拟文字。⑪ 修文馆：唐武德四年于门下省设修文馆，九年改为弘文馆。直学士：修文馆置大学士四人，直学士八人，学士十二人，分掌校正图书、教授生徒及参议朝廷典章等。⑫ 武平

一：唐太原（今山西太原）人，武后时隐于嵩山，中宗时拜修文馆学士。⑬ 造化小儿：司命之神的戏称。⑭ 李峤：本书有传，已入选。崔融（653—706）：唐齐州（今山东济南）人，任司礼少卿，知制诰。

【翻译】

杜审言，字必简，京兆人。西晋杜预的远裔。咸亨元年宋守节榜进士，任隰城尉。自恃高才，傲视一切而被世人所嫉恨。苏味道做天官侍郎时，杜审言去写判，出去对人说："苏味道一定得死。"人们惊讶地问他为什么，他说："他见到我写的判，应该羞死了！"又说："我的文章能使屈原、宋玉做我的衙官，我的书法能使王羲之拜我为师。"他自我夸大起来就是如此。因犯事贬为吉州司户。到武后时召回，准备任用，问他："你高兴吗？"杜审言拜舞称谢。武后让他写一首《欢喜诗》，写得使武后满意，任为著作郎，做修文馆的直学士，后来去世。当初，杜审言有病，宋之问、武平一前去看望，他说："很受造化小儿的折腾，还有什么可说的！但我活着，长期压下你们。现在就要死了，只恨没有能代替我的人。"他年轻时曾与李峤、崔融、苏味道为"文章四友"。有集一卷，今已失传，只流传诗四十多篇。

沈 佺 期

沈佺期大约生于公元656年，卒于公元713年。《全唐诗》卷九五至九七收他的诗。和宋之问齐名，并称“沈宋”。他俩的贡献在诗歌声律方面，简化声律规则，由严而宽，由难而易，律诗由此定型成熟。

佺期，字云卿，相州人①。上元二年郑益榜进士②。工五言。由协律、考功郎③，受赇④，长流驩州⑤。后召拜起居郎⑥，兼修文馆直学士，常侍宫中。既侍宴，帝召学士等为回波舞⑦，佺期作弄辞悦帝，诏赐牙、绯⑧。历中书舍人⑨。佺期尝以诗赠张燕公⑩，公曰：“沈三兄诗清丽，须让居第一也。”诗名大振。自魏建安迄江左，诗律屡变。至沈约、鲍照、庾信、徐陵⑪，以音韵相婉附，属对精致。及佺期、之问，又加靡丽，回忌声病，约句准篇，著定格律，遂成近体，如锦绣成文，学者宗尚，语曰：“苏、李居前，沈、宋比肩。”谓唐诗变体，始自二公，犹汉人五字诗始自苏武、李陵也。有集十卷，今传于世。

【注释】

① 相州：治所在今河南安阳。② 上元：唐高宗李治年号，使用于公元674—676年间。③ 协律：协律郎，太常寺属官，掌校正乐律。考功郎：吏部属官，掌官吏考课黜陟之事。④ 赇(qiú)：贿赂。⑤ 欢(huān)州：治所在今越南荣市。⑥ 起居郎：记载皇帝言行的官，属门下省。⑦ 回波舞：舞曲名，唐教坊曲。⑧ 牙绯(fēi)：牙笏(hù)和绯服。⑨ 中书舍人：中书省属官，撰拟诏诰之专官。⑩ 张燕公：张说，本书有传，已入选。⑪ 沈约(441—513)：南朝梁文学家，字休文，吴兴武康(今浙江德清武康)人，与周颙等创四声、八病之说，要求作品区别四声、避免八病，对古诗向律诗转变有积极影响。鲍照(约414—466)：南朝宋文学家，字明远，东海(今山东兰陵)人。长于乐府，尤擅七言歌行，风格俊逸，对李白、岑参颇有影响。庾信(513—581)：北周文学家，字子山，南阳新野(今河南新野)人，善诗赋、骈文。徐陵(507—583)：南朝陈文学家。字孝穆，东海郯(今山东郯城)人，擅作宫体诗，与庾信齐名。

【翻译】

沈佺期，字云卿，相州人。上元二年郑益榜进士。善于写五言诗。任协律郎、考功郎。接受贿赂，被流放欢州，后召回任起居郎，兼修文馆直学士，常在宫中侍从。有次陪宴后，皇帝令学士们作回波舞曲，沈佺期作戏弄乐辞来讨好皇帝，皇帝下诏赐他牙笏和绯服。历任中书舍人。沈佺期曾经把诗送给张燕公，燕公说："沈三兄诗清新绮丽，应让居第一。"诗名因此大振。从魏建安年间到东晋南朝，诗歌格律常常改变。到沈约、鲍照、庾信、徐陵，要求音韵和协，对仗精致。到沈佺期、宋之问，要求更加靡丽，回避声病，控制篇句，规定格律，形成近体，像锦绣成文，为诗人崇尚。大家说："苏李在前，沈宋比肩。"指唐代诗歌改变体式从他们二位开始，就像汉人五言诗由苏武、李陵开始一样。沈佺期有集十卷，至今流传于世。

宋之问

宋之问大约生于公元656年，卒于公元712年。《全唐诗》卷五一至五三收他的诗。和沈佺期有类似的风格和贡献。

之问，字延清，汾州人①。上元二年进士。伟貌辩给。甫冠，武后召与杨炯分直习艺馆②。累转尚方监丞③。后游龙门④，诏从臣赋诗。左史东方虬诗先成⑤，后赐锦袍。之问俄顷献，后览之嗟赏，更夺袍以赐。后求北门学士⑥，以有齿疾不许，遂作《明河篇》，有“明河可望不可亲”之句以见志。谄事张易之⑦，坐贬泷州⑧。后逃归，匿张仲之家⑨。闻仲之谋杀武三思⑩，乃告变，擢鸿胪簿⑪。迁考功郎。复媚太平公主⑫。以知举贿赂狼藉，下迁越州长史⑬。穷历剡溪山水⑭，置酒赋诗，日游宴，宾客杂遝⑮。睿宗立⑯，以无悛悟之心⑰，流钦州⑱，御史劾奏赐死⑲，人言刘希夷之报也⑳。徐坚尝论其文㉑，如良金美玉，无施不可。有集行世。

【注释】

①汾州：治所在今山西汾阳。②习艺馆：又名翰林内教坊，教习宫人书算诸艺之所。③尚方监：管制造御用器物的官署，属少府，主管官有令、丞。④龙门：洛阳城南的龙门山有佛教石窟，开凿于北魏太和十八年，在此建奉先寺。⑤左史：唐以门下省的起居郎和中书省的起居舍人为左、右史。东方虬(qiú)：武则天时为左史。⑥北门学士：唐高宗时，武后密令元万顷等学士参决朝议，以分宰相之权。当时官衙都在宫城之南，诸学士不经南衙，于宫城北门出入，时人因称“北门学士”。⑦张易之(？—705)：唐定州义丰(今河北安国)人，武后男宠，专擅朝政。中宗复位时被杀。⑧泷(shuāng)州：今广东罗定。⑨张仲之：唐洛阳人，和其兄张循之并以学业著名。⑩武三思(？—707)：唐并州文水(今山西文水东)人，武则天之侄，封梁王，参预军国政事，神龙三年被杀。⑪鸿胪簿：鸿胪寺是职掌朝祭礼仪的官署，鸿胪簿即鸿胪寺掌簿书的官。⑫太平公主(？—713)：唐高宗女，武则天所生，拥立睿宗，把持朝政。玄宗即位后被杀。⑬狼藉：散乱不整的样子，常用以比喻行为和名声不好。越州：治所在今浙江绍兴。长史：刺史的主要辅佐官。⑭剡(shàn)溪：在浙江嵊州，即曹娥江上游。⑮杂遝(tà)：也作杂沓(tà)，众多纷杂的样子。⑯睿宗：唐睿宗李旦(684—690年及710—712年在位)。⑰悛(quān)：悔改。⑱钦州：治所在今广西钦州东北。⑲御史：唐设御史台掌监察、弹劾，台中有侍御史、殿中侍

御和监察御史。⑳ 人言刘希夷之报：刘希夷（约 651—?），字延之，汝州（今河南临汝）人，本书有传。相传他写了“年年岁岁花相似，岁岁年年人不同”的诗句，宋之问向他索要归己有，刘不肯，被宋用土囊压死，这里说宋被赐死是杀刘的报应。但宋杀刘只是传说并非史实，讲报应更是迷信之谈，不足凭信。㉑ 徐坚（659—729）：唐湖州长城（今浙江吴兴）人，字元固。官集贤院学士，封东海郡公。

【翻译】

宋之问，字延清，汾州人。上元二年中进士科。身材伟岸能言善辩。刚行过冠礼，武后就命他同杨炯分直习艺馆，后来升转为尚方监丞。武后游龙门，下诏随从臣下们赋诗。左史东方虬先写成，武后赏赐他锦袍。过一会儿宋之问也献上，武后看了赞叹，便把赐给东方虬的袍收回来赐他。后来宋之问求做北门学士，以牙齿有毛病为由，没有准许。于是宋之问作《明河篇》，用其中“明河可望不可亲”的诗句来表达心愿。因谄媚张易之，被贬到泷州。后来逃回，藏在张仲之家里。听到张仲之要谋杀武三思，就告发，被擢升任鸿胪簿。升迁考功郎。又献媚太平公主。因掌科举而贿赂，名声不好，降职越州长史。一一游遍剡溪山水，饮酒赋诗，天天游玩宴会，宾客既多且杂。睿宗即位，因他没有悔悟之心，被流放钦州，又经御史弹劾被赐死。人们说这是他杀害刘希夷的报应。徐坚曾经评论他的文章，说像黄金美玉一样，用在哪里都行。有集子在世上流行。

陈 子 昂

陈子昂生于公元659年,卒于公元700年。《全唐诗》卷八三、八四收他的诗。他在诗歌上的重要贡献就是关于兴寄、风骨的理论主张,从内容上彻底清除了无病呻吟的绮靡诗风和应制诗的影响。“兴寄”的实质是要求诗歌发扬批判现实的传统,有鲜明的政治倾向。“风骨”则要求具有高尚充沛的思想、刚健充实的内容。

子昂,字伯玉,梓州人①。开耀二年许旦榜进士②。初年十八时,未知书,以富家子任侠尚气弋博③。后入乡校感悔④,即于州东南金华山观读书⑤,痛自修饰,精穷坟典⑥,耽爱黄老,《易》象。光宅元年⑦,诣阙上书,谏灵驾入京⑧。召见,武后奇其才,遂拜麟台正字⑨……累迁拾遗⑩。圣历初⑪,解官归。会父丧,庐冢次。县令段简贪残⑫,闻其富,造诈诬子昂,胁取赂二十万缗⑬,犹薄之,遂送狱。子昂自筮卦[14]，惊曰："天命不祐，吾殆穷乎！"果死狱中。年四十三。子昂貌柔雅，为性褊躁，轻财好施，笃朋友之义。唐兴，文章承徐、庾余风[15]，天下祖尚，子昂始变雅正[16]。初为《感遇诗》三十章，王适见而惊曰[17]："此子必为海内文宗。"由是知名。凡所著论，世以为法，诗调尤工。尝劝后兴明堂、太学[18]，以调元气。与游英俊[19]，多秉权衡。柳公权评曰[20]："能极著述，克备比兴[21]，唐兴以来，子昂而已。"有集十卷，今传。

呜呼！古来材大或难为用，象以有齿卒焚其身[22]，信哉，子昂之谓欤！

【注释】

① 梓州：治所在今四川三台，陈子昂是梓州射洪(在今四川射洪西北)人。② 开耀：唐高宗李治年号，使用于公元681—682年间。③ 弋(yì)博：弋是取，弋博是赌博取胜。④ 乡校：乡里的私塾。⑤ 金华山观(guàn)：在射洪县北金华山上。观，道观，道教的庙宇。⑥ 坟典：传说中我国最古的书籍三坟五典的简称。常用来泛指古书。⑦ 光宅：唐武后年号，使用于公元684年。⑧ 灵驾：指唐高宗李治灵柩。高宗死于洛阳宫，灵驾要西归长安。⑨ 麟台正字：武后时曾改秘书省为麟台，正字是麟台的属官，掌刊正图书文字。⑩ 拾遗：唐代谏官名，武则天时置，分属中书、门下两省，职掌规谏皇帝并举荐官员。⑪ 圣历：武周年号，使用于公元698—700年间。⑫ 段简：此人时任射洪县令。⑬ 缗(mín)：穿钱的绳子，引申为成串的钱，一千文为一缗。⑭ 筮(shì)：用蓍(shī)草占卦，是用《周易》里说的办

法。⑮ 徐、庾：徐陵（507—583）南朝陈文学家，字孝穆，东海郯（今山东郯城）人。宫体诗重要作者之一。与庾信齐名，世称“徐庾”。庾信（513—581）北周文学家。字子山，南阳新野（今河南新野）人，善诗赋、骈文。⑯ 雅正：典雅纯正。⑰ 王适：唐幽州（治所在今北京）人，工诗文，官至雍州司功参军。⑱ 明堂：古代皇帝宣明政教的地方，凡朝会及祭祀、庆赏、选士、养老、教学等大典均在此举行。⑲ 英俊：指才智杰出的人。⑳ 柳公权（778—865）：唐书法家，字诚悬，京兆华原（今陕西铜川）人，官至太子少师。实际上，这些评论应是柳宗元说的，辛文房弄错了。㉑ 比兴：比是比喻，以彼物比此物；兴是寄托，先言他物以引起所咏之词。《毛诗序》把《诗经》的风、雅、颂、赋、比、兴说成“六义”。㉒ 象以有齿卒焚其身：这话见于《左传·襄公二十四年》，这里焚是毙、僵的意思。

【翻译】

陈子昂，字伯玉，梓州人。开耀二年许旦榜进士。当初他在十八岁时，还不知读书，凭着是富家子弟任侠尚气赌博。后来进了乡校悔悟过来，就去本州东南金华山道观读书，痛加检点，精研典籍，酷爱黄老和《周易》。光宅元年，进京上书，对高宗灵驾入京劝谏。武后召见了他，惊叹他的才学，就任命为麟台正字……几次升迁，官做到拾遗。圣历初年，辞官回乡。正逢上父亲去世，在墓旁结庐守孝。县令段简贪婪残暴，听说陈子昂有钱，诬陷他，勒索了二十万缗钱，还嫌少，就把陈子昂关进监狱里。陈子昂为自己算卦，吃惊道：“上天不保佑，我怕要完蛋了！”果然死在狱中。年四十三岁。子昂相貌温柔和雅，性格却偏执急躁，轻财好施与，注重朋友之义。唐朝建立，诗文继承徐、庾遗风，天下崇尚，从陈子昂开始才转变为雅正。陈子昂早先作《感遇诗》三十章，王适看到后惊异地说："这人定会成为海内文坛宗师。"陈子昂由此知名。凡所著作议论，都被世人取法，诗调尤称高水平。陈子昂曾劝说武后兴建明堂、太学，来调理元气。和他往来的才智杰出之士，后来多执掌朝政。柳公权评论道："能极尽精力以著述，能充分体现了比兴，唐兴以来，只有陈子昂而已。"有集十卷，如今仍流传。

唉！自古以来才气大的很难被大用。大象因为有牙终于毁掉了身子，说得对啊，子昂正是这样啊！

李　峤

李峤生于公元644年，卒于公元713年。《全唐诗》卷五七至六一收他的诗。他是武后时代的宫廷诗人，在律诗形成过程中也起了作用。

峤，字巨山，赵州人[①]。十五通《五经》[②]，二十擢进士，累迁为监察御史。武后时同凤阁鸾台平章事[③]。后因罪贬庐州别驾[④]，卒。峤富才思，有所属缀，人辄传讽。明皇将幸蜀[⑤]，登花萼楼，使楼前善《水调》者奏歌[⑥]，歌曰："山川满目泪沾衣，富贵荣华能几时？不见只今汾水上[⑦]，惟有年年秋雁飞。"帝惨怆移时，顾侍者曰："谁为此？"对曰："故宰相李峤之词也。"帝曰："真才子！"不待终曲而去。峤前与王勃、杨炯接，中与崔融、苏味道齐名，晚诸人没，为文章宿老，学者取法焉。今集五十卷，《杂咏诗》十二卷，《单提诗》一百二十首，张方为注，传于世。

【注释】

① 赵州：治所在今河北赵县。② 五经：唐代以《周易》、《尚书》、《毛诗》、《礼记》、《春秋左传》为《五经》。③ 同凤阁鸾台平章事：唐初以尚书、中书、门下三省长官为宰相，另由其他官员加"同中书门下平章事"也是宰相。武后时一度改中书、门下为凤阁、鸾台，同中书门下平章事也就改称同凤阁鸾台平章事。④ 庐州：治所在今安徽合肥。别驾：州刺史的属官。⑤ 蜀：蜀郡，治所在今四川成都。⑥ 水调：曲调名，唐时水调凡十一叠，前五叠为歌，后六叠为入破。⑦ 汾水：汾河，黄河第二大支流，在山西省中部。

【翻译】

李峤，字巨山，赵州人。十五岁时通晓《五经》，二十岁中进士科，几次升迁，官做到监察御史。武后时任同凤阁鸾台平章事。后因罪贬为庐州别驾，在任上去世。李峤才思丰富，写出诗文，就被人传诵。明皇将出奔蜀郡，登上花萼楼，让楼前善奏《水调》的人奏歌。歌辞是："山川满目泪沾衣，富贵荣华能几时？不见只今汾水上，惟有年年秋雁飞。"明皇悲怆了好一会，问侍者道："是谁写的？"回答道："前宰相李峤写的歌辞。"明皇说："真是才子啊！"没等奏完就离去了。李峤前期与王勃、杨炯相接，中期与崔融、苏味道齐名；后期这些人都去世，他成为文章老前辈，被学者所取法。今有集五十卷，《杂咏诗》十二卷，《单提诗》一百二十首，张方作注，流传于世。

张　说

张说生于公元667年，卒于公元730年。《全唐诗》卷八五至八九收他的诗。他的诗大多数是应制之作。因做宰相，在当时文坛上地位显赫，门下云集了许多文人。

说，字道济，洛阳人①。垂拱四年举学综古今科②，中第三等，考策日封进③，授太子校书④，令曰："张说文思清新、艺能优洽。金门对策⑤，已居高科之首；银榜效官⑥，宜申一命之秩。"⑦后累迁凤阁舍人⑧。睿宗时⑨，兵部侍郎⑩，同平章事。开元十八年⑪，终左丞相、燕国公⑫。说敦气节，重然诺。为文精壮，长于碑志。朝廷大述作，多出其手。诗法特妙。晚谪岳阳⑬，诗益凄婉，人谓得江山之助。今有集三十卷行于世。子均，开元四年进士，亦以诗鸣。

【注释】

① 洛阳:今河南洛阳。② 垂拱:唐武后年号,使用于公元685—688年间。学综古今科:唐科举之一。③ 考策:应考者书面回答皇帝所提出的政治、经义等问题,叫对策,考策就是考试对策。④ 太子校书:太子侍从官、掌校雠典籍等。⑤ 金门:汉代宫门金马门,门旁有铜马,故名。⑥ 银榜:犹金榜,指科举考试揭晓之名单。效官:授以官职。⑦ 一命:周代官阶自一命至九命,一命最低。秩:官吏的俸禄。⑧ 凤阁舍人:武后改中书省为凤阁,凤阁舍人即中书舍人。⑨ 睿宗:唐睿宗李旦(684—690年及710—712年在位)。⑩ 兵部:尚书省六部之一。⑪ 开元:唐玄宗李隆基年号,使用于公元713—741年间。⑫ 左丞相:开元时曾改尚书左、右仆射为左、右丞相。⑬ 岳阳:今湖南岳阳。

【翻译】

张说,字道济,洛阳人。垂拱四年举学综古今科,中第三等,对策那天把考卷封进,授予太子校书。令里说:"张说文思清新,艺能优美。金门对策,已居高科之首;银榜授官,应予一命之秩。"后来几次升迁任凤阁舍人。睿宗时,任兵部侍郎同平章事。开元十八年,以左丞相、燕国公逝世。张说重气节,讲信誉。文章精练豪迈,擅长撰写碑志。朝廷中重要的文章,多出自他的手笔。诗的作法精妙。晚年贬官到岳阳,诗更加凄婉,人们说是得到江山之助。如今有集三十卷流传于世上。儿子张均,开元四年进士,也以诗知名。

王　翰

王翰大约生于公元 687 年，卒于公元 726 年以后。《全唐诗》卷一五六收他的诗，为数不多，以《凉州词》二首最有名。

翰，字子羽，并州人①。景云元年卢逸下进士及第②。又举直言极谏③。又举超拔群类科④。少豪荡，恃才不羁，喜纵酒。枥多名马⑤，家蓄妓乐。翰发言立意，自比王侯，日聚英杰，纵禽击鼓为欢。张嘉贞为本州长史⑥，厚遇之。翰酒间自歌，以舞属嘉贞，神气轩举。张说尤加礼异，及辅政，召为正字，擢驾部员外郎⑦。说罢，翰出为仙州别驾⑧。以穷乐畋饮⑨，贬岭表⑩，道卒。翰工诗，多壮丽之词。文士祖咏、杜华等尝与游从，华母崔氏云："吾闻孟母三迁⑪，吾今欲卜居，使汝与王翰为邻足矣。"其才名如此。燕公论其文如璚杯、玉斝⑫，虽烂然可珍，而多玷缺云⑬。有集，今传。

【注释】

① 并州：治所在今山西太原。② 景云：唐睿宗李旦年号。使用于公元 710—711 年间。卢逸：唐卢元规之次子，曾官给事中、荆府长史。及第：科举考中。③ 直言极谏：唐科举之一。④ 超拔群类科：唐科举之一。⑤ 枥（lì）：马槽。⑥ 张嘉贞：唐蒲州猗氏（今山西临猗）人，官并州长史、中书侍郎同中书门下平章事。⑦ 驾部：尚书省兵部下属的一个司。掌舆辇、车乘、传驿、厩牧、马牛杂畜等。员外郎：司的副长官。⑧ 仙州：治所在今河南叶县西南。⑨ 畋（tián）：打猎。⑩ 岭表：即岭外，岭南，古代地理习惯用语，指五岭山脉以南的广大地区。⑪ 孟母三迁：孟子幼年家居墓地附近，游戏时辄与人为“墓间之事”，孟母就迁居街市间，又学“为贾人炫卖之事”，又迁学官旁，“乃设俎豆揖让进退”。孟母说：“可以居吾子矣。”⑫ 燕公：指张说，封燕国公。璚（qióng）：同“琼”，赤玉。斝（jiǎ）：古代酒器。⑬ 玷（diàn）：玉上的斑点、缺点。

【翻译】

王翰，字子羽，并州人。景云元年卢逸榜下中进士及第。又考中直言极谏科。又考中超拔群类科。年轻时豪侠放荡，依仗才华不受约束，喜欢喝酒。槽里多名马，家中养妓乐。平时谈话议论，自比王侯，每日招聚英杰，纵禽击鼓来寻欢作乐。张嘉贞任本州长史，厚待他。他酒席上自己唱歌，请张嘉贞起舞，神气轩昂。张说对他更加礼貌，到张说辅政，召他做正字。并任驾部员外郎。张说罢官，他也出任仙州别驾。一意打猎宴饮，被贬往岭表，死在途中。王翰长于写诗，多壮丽之词。文士祖咏、杜华等曾和他往来，杜华的母亲崔氏说："我听说孟母三迁，我现在想要找住处，让你和王翰做邻居就行了。"他的才名如此。张燕公曾评论过他的文章就像琼杯、玉斝，虽然光彩可珍，而多有玷缺。有文集，传到今天。

吴 筠

吴筠生年不详，卒于公元778年。《全唐诗》卷八五三收他的诗，卷七八八有与颜真卿等人的联句，卷七八九有与严维等人的联句。

筠，字贞节，华阴人。通经义，美文辞，举进士不中，隐居南阳倚帝山为道士①。天宝中，玄宗遣使诏至京师，与语甚悦，敕待诏翰林②，献《玄纲》三篇。帝问道，对曰："深于道者，惟老子五千言③，其余徒费纸札耳。"复问神仙冶炼之术，曰："此野人之事④，积岁月求之，非人主所宜留意。"筠每陈设名教世务⑤，帝重之。初，筠爱会稽山水⑥，往来天台、剡中⑦，与李白、孔巢父相遇酬唱⑧，至是因荐于朝，帝即遣使召之。筠性高鲠，其待诏翰林时，恃承恩顾。高力士素奉佛⑨，尝短筠于上前。筠故多著赋文，深诋释氏⑩，颇为通人所讥云。后知天下将乱，苦求还嵩山，诏为立道观。大历间卒⑪，弟子谥为宗元先生。善为诗，有集十卷，权德舆序之。

【注释】

① 南阳：今河南南阳。② 待诏翰林：唐代设翰林院，招一批能做文章、懂经学、擅书法、会下棋的人以及卜祝、僧道之流，随时等待皇帝的召唤，叫待诏翰林。③ 老子五千言：指春秋时思想家、道家创始人老子所著《道德经》。④ 野人：古时称四郊以外地区为“野”，“野人”是指在“野”的一般生产者。⑤ 名教：指以正名定分为主的封建礼教。世务：当世之务。⑥ 会稽：今浙江绍兴。⑦ 天台：即天台山，在浙江东部。剡：剡县，今浙江嵊县西南。⑧ 酬唱：以诗词互相赠答。⑨ 高力士（684—762）：唐宦官，高州良德（今广东高州东北）人，玄宗时知内侍省事，权力极大。⑩ 释氏：泛指佛教徒。因其创始人的汉译名为释迦牟尼，所以中国人称佛教徒为释氏。⑪ 大历：唐代宗李豫年号，使用于公元766—779年间。

【翻译】

吴筠，字贞节，华阴人。通晓经义，文辞优美，考进士不中，隐居南阳倚帝山做道士。天宝年间，玄宗派使臣召他到京师，和他谈话很合心意，敕令叫他待诏翰林，献上三篇《玄纲》。玄宗问道，回答说：“深于道的，只有老子的五千言，其余徒然白费纸张罢了。”又问神仙炼丹的方法，吴筠说：“这是野人干的事情，要成年累月去求得，不是君主所应留意的。”吴筠经常讲述名教世务，玄宗非常器重他。当初，吴筠喜爱会稽的山水，往来于天台山、剡中，和李白、孔巢父相遇酬唱，这时就把他们推荐给朝廷，玄宗就派使臣召见他们。吴筠秉性高傲耿直，待诏翰林时，就自恃恩宠。高力士一向信佛，曾经在玄宗面前诋毁他。吴筠因此写了许多文章，猛烈攻击佛教，颇为通识之士所讥笑。后来他知道天下将乱，苦求回嵩山，玄宗下诏给他立道观。大历年间逝世，弟子谥他为宗元先生。他善写诗，有集十卷，权德舆作序。

崔　颢

崔颢大约生于公元 704 年，卒于公元 754 年。《全唐诗》卷一三〇收有他的诗。他的边塞诗着力于人物意气风度的描绘，名作《黄鹤楼》七律抒发怀土思乡的心情，有豪放不羁的气概。

颢，汴州人[①]。开元十一年源少良下及进士第[②]。天宝中，为尚书司勋员外郎[③]。少年为诗，意浮艳，多陷轻薄；晚节忽变常体[④]，风骨凛然，一窥塞垣，状极戎旅，奇造往往并驱江、鲍[⑤]。后游武昌[⑥]，登黄鹤楼[⑦]，感慨赋诗。及李白来，曰："眼前有景道不得，崔颢题诗在上头。"无作而去，为哲匠敛手云[⑧]。然行履稍劣，好蒱博[⑨]，嗜酒，娶妻择美者，稍不惬即弃之，凡易三四。初，李邕闻其才名[⑩]，虚舍邀之。颢至；献诗，首章云："十五嫁王昌。"邕叱曰："小儿无礼！"不与接而入。颢苦吟咏，当病起清虚[⑪]，友人戏之曰："非子病如此，乃苦吟诗瘦耳！"遂为口实[⑫]。天宝十三年卒⑬。有诗一卷，今行。

【注释】

① 汴州：治所在今河南开封。② 源少良：唐源匡赞之子，官司勋员外郎。③ 司勋：尚书省吏部的一个司，掌管官吏勋级。④ 晚节：晚年，后期。⑤ 江、鲍：指南朝梁文学家江淹（444—505）和南朝宋文学家鲍照（约414—466）。⑥ 武昌：唐方镇名，治所在今湖北武昌。⑦ 黄鹤楼：故址在湖北武汉蛇山的黄鹄矶头，今已重建。⑧ 哲匠：睿智而富有才艺的人，常指画家或文人。⑨ 蒱博：樗（chū）蒱，古代博戏。⑩ 李邕（678—747）：唐扬州江都（今江苏扬州）人，字泰和，李善之子。能文善书。⑪ 清虚：指身体消瘦。⑫ 口实：话柄。⑬ 天宝：唐玄宗李隆基年号，使用于公元742—756年间。

【翻译】

崔颢，汴州人。开元十一年源少良榜下中进士及第。天宝年间，任尚书司勋员外郎。年轻时写诗，立意浮华艳丽，多陷于轻薄；晚年突然改变平时的体式，风骨凛然，描写塞外风光，戎旅生涯，奇想常可和江、鲍并驾齐驱。后来出游武昌，登黄鹤楼，感慨赋诗。到李白前来，说："眼前有景道不得，崔颢题诗在上头。"没写什么就离去，可见崔颢这首诗使大名家都不得不缩手。只是他的品行差一些，喜欢赌博，喝酒，娶妻要挑漂亮的，稍不满意就抛弃，一共换了三四位。当初，李邕听说他很有才，留出房子邀请他。崔颢来到，献上诗，首篇就是："十五嫁王昌。"李邕斥责说：

“这小子太无礼!”不和他交谈就进去了。崔颢整日苦于吟诗,一次病刚好很消瘦,朋友开玩笑说:“不是你病得这样,是你苦吟诗吟瘦了!”于是成为了话柄。天宝十三年去世。有诗一卷,至今流行着。

祖　咏

祖咏生于公元 699 年,大约卒于公元 746 年。《全唐诗》卷一三一收他的诗。他的边塞诗完全是一种立功边塞的豪情壮志,风格壮大开阔。晚年也有田园诗作。

咏，洛阳人。开元十二年杜绾榜进士①，有文名。殷璠评其诗剪刻省静②，用思尤苦，气虽不高，调颇凌俗，足称为才子也。少与王维为吟侣。维在济州③，寓官舍，赠祖三首，有云："结交三十载，不得一日展。贫病子既深，契阔余不浅。"盖亦流落不偶，极可伤也。后移家归汝坟间别业④，以渔樵自终。有诗一卷，传于世。

【注释】

① 绾:音 wǎn。② 殷璠:唐丹阳(今属江苏镇江)人,选编《河岳英灵集》。③ 济州:治所在今山东东阿西北。

④ 汝坟：汝，汝水。汝坟，在今河南汝阳、临汝间。别业：即别墅，指住宅之外另置的园林游息处及其建筑物。

【翻译】

祖咏，洛阳人。开元十二年杜绾榜进士，很有文名。殷璠评论他的诗是剪裁得体而娴静简洁，用心尤苦，气概虽不高，格调却颇为脱俗，足可称上才子。年少时和王维为诗友。王维在济州时，住在官舍中，给祖咏赠诗三首，其中说："结交三十载，不得一日展。贫病子既深，契阔余不浅。"也是因为流落不遇，极为伤心。后来移居汝坟间的别墅，以渔樵为生直到去世。有诗一卷，在世上流传。

储 光 羲

储光羲大约生于公元707年,卒于公元763年。《全唐诗》卷一三六至一三九收他的诗。其田园诗写得较好,得陶渊明诗之质朴清新。写对田家生活的向往,给人一种旁观者的感觉。反映山水之美的诗,质朴有余,而情味不足。

光羲,兖州人①。开元十四年严迪榜进士。有诏中书试文章②。尝为监察御史。值安禄山陷长安③,辄受伪署。贼平后自归,贬死岭南。工诗,格高调逸,趣远情深,削尽常言。挟风雅之道,养浩然之气。览者犹听韶濩音④,先洗桑濮耳⑤,庶几乎赏音也。有集七十卷,《正论》十五卷,《九经分义疏》二十卷,并存。

【注释】

① 兖州:治所在今山东兖州。② 中书:即中书省,秉承皇帝旨意,掌管机要、发布政令的官署。③ 安禄山(?—

757)：唐营州柳城（今辽宁朝阳南）人，玄宗后期兼任平卢、范阳、河东三节度使。公元755年起兵叛乱，757年被其子安庆绪所杀。④ 韶濩（hù）：古乐名，相传为殷汤之乐。⑤ 桑濮：桑间濮上，桑间在濮水之上，属卫国地，相传为男女聚会之所。古人称“桑间濮上之音，亡国之音”。

【翻译】

储光羲，兖州人。开元十四年严迪榜进士。有诏叫到中书省考试文章。曾经做过监察御史。逢上安禄山攻陷长安，他接受了伪职。叛乱平定以后自动归来，被贬死在岭南。储光羲诗写得很好，格调高逸，情趣深远。去尽常见的词语，包含风雅之道，养浩然之气。读者犹如在听韶濩之乐，必先洗去桑濮之音，这样才能成为他的赏音者。有集七十卷，《正论》十五卷，《九经分义疏》二十卷，均保存着。

卷　二

崔国辅

崔国辅生于公元 687 年，卒于公元 755 年。《全唐诗》卷一一九收他的诗。现存他的诗将近半数是乐府诗，但写得好的还是近体诗。

国辅，山阴人①。开元十四年严迪榜进士②。与储光羲、綦毋潜同时举县令，累迁集贤直学士、礼部郎中③。天宝间，坐是王鉷近亲④，贬竟陵司马⑤。有文及诗，婉娈清楚，深宜讽咏，乐府短章，古人有不能过也。初至竟陵，与处士陆鸿渐游三岁⑥，交情至厚，谑笑永日。又相与较定茶水之品，临别谓羽曰："予有襄阳太守李憕所遗白驴、乌犎牛各一头⑦，及卢黄门所遗文槐书函一枚⑧，此物皆己之所惜者，宜野人乘蓄，故特以相赠。"雅意高情，一时所尚。有酬酢之歌诗，并集传焉。

【注释】

① 山阴:今浙江绍兴。② 严迪:唐开元十四年中进士。《文苑英华》卷五一三有其《张侯下纲判》。③ 集贤直学士:唐集贤院的属官,掌校正图书等。礼部郎中:这礼部是尚书省礼部的一个司,掌礼乐、学校、衣冠、符印、表疏、图书、册命、祥瑞、铺设,及百官、官人丧葬赠赙之数,郎中是司的长官。④ 王鉷(hóng)(?—752):唐太原祁县(今山西祁县南)人,天宝间充京和市和籴使、户口色役使等职,后因罪被杀。⑤ 竟陵:郡名,治所在今湖北沔阳南。⑥ 处士:古时称有才德而隐居不仕的人。陆鸿渐(733—804):陆羽,字鸿渐,唐竟陵人,对饮茶和茶道有研究,著有《茶经》,也能作诗。⑦ 襄阳:郡名,治所在今湖北襄阳。太守:郡的长官。李憕(chéng):唐汶水人,任东京留守,死于安史之乱。乌犎(fēng)牛:一种黑色的野牛。⑧ 卢黄门:黄门即黄门侍郎,即门下侍郎,门下省的副长官,这时曾改称黄门侍郎,此人姓卢,名待考。

【翻译】

崔国辅,山阴人。开元十四年严迪榜进士。和储光羲、綦毋潜同时举为县令,多次升迁,官做到集贤直学士、礼部郎中。天宝年间,因和王鉷是近亲,贬为竟陵司马。写有文章和诗,婉约凄楚,很适合讽咏,其中乐府短章,虽古人不能超过。崔国辅刚到竟陵时,和隐士陆鸿渐交往了三年,友情很深,谈笑整日。又相互品评茶水的优劣,临别时对陆羽说:“我有襄阳太守李憕赠送的白驴、乌犎牛各一头，卢黄门赠送的文槐书函一枚，都是我非常珍惜的东西，很适合隐居者乘坐贮用，所以专门送给你。”雅意高情，为当时所推崇。他有酬唱的歌诗，和集子一并流传。

王 昌 龄

王昌龄大约生于公元698年，卒于公元757年。《全唐诗》卷一四〇至一四三收他的诗。他写得最多且最好的诗有三类：一是边塞，二是妇女，特别是宫廷妇女的生活，三是送别。他的七绝可以和李白媲美。

昌龄，字少伯，太原人。开元十五年李嶷榜进士①，授汜水尉②。又中宏辞③，迁校书郎。后以不护细行，贬龙标尉④。以刀火之际归乡里，为刺史闾丘晓所忌而杀⑤。后张镐按军河南⑥，晓愆期⑦，将戮之，辞以亲老乞恕，镐曰："王昌龄之亲欲与谁养乎？"晓大惭沮。昌龄工诗，缜密而思清。时称"诗家夫子王江宁"⑧，盖尝为江宁令。与文士王之涣、辛渐交友至深⑨，皆出模范，其名重如此。有诗集五卷；又述作诗格律、境思、体例共十四篇，为《诗格》一卷；又《诗中密旨》一卷及《古乐府解题》一卷，今并传。

【注释】

① 李嶷：曾官左武卫录事。② 汜（sì）水：县名，在今河南荥阳西北。③ 宏辞：博学宏辞科，唐代科举之一。④ 龙标：县名，今湖南黔阳。⑤ 闾丘晓：闾丘，复姓，闾丘晓时任亳州刺史，后因贻误军机被河南节度使张镐杖杀。⑥ 张镐：唐博州（今山东聊城一带）人，字从周，肃宗时拜同平章事。⑦ 愆（qiān）期：失期，过期。约期而失信。⑧ 江宁：今江苏南京。⑨ 王之涣：本书有传，已入选。

【翻译】

王昌龄，字少伯，太原人。开元十五年李嶷榜进士，被任命为汜水县尉。又考中博学宏辞科，升迁校书郎。后因不注意小节，贬为龙标尉。兵火之际返回家乡，为刺史闾丘晓所忌而杀害。后来张镐督军河南，闾丘晓迟到，张镐要杀他，闾丘晓借口父母老求宽恕，张镐说："王昌龄的父母又该让谁来赡养？"闾丘晓大为惭愧沮丧。王昌龄诗写得好，缜密而思路清新。当时人称他为"诗家夫子王江宁"，因为他曾做过江宁县令。他和文士王之涣、辛渐交情极深，都堪为楷模，他的名气大到如此。有诗集五卷；曾论述作诗的格律、境思、体例共十四篇，成为《诗格》一卷；还有《诗中密旨》一卷以及《古乐府解题》一卷，都流传到现在。

常　建

常建生于公元 708 年，卒年不详。《全唐诗》卷一四四收他的诗。他的诗宁静明秀，而意境孤寂。

建，长安人。开元十五年与王昌龄同榜登科。大历中，授盱眙尉①。仕颇不如意，遂放浪琴酒，往来太白、紫阁诸峰②，有肥遁之志③。尝采药仙谷中，遇女子，遍体毛绿，自言是秦时宫人，亡入山，采食松叶，遂不饥寒，因授建微旨④，所养非常⑤。后寓鄂渚⑥，招王昌龄、张偾同隐，获大名当时。集一卷，今传。

【注释】

① 盱眙（xū yí）：县名，今江苏盱眙。② 太白：山名，在陕西户县东南。紫阁：峰名，在陕西户县东南。③ 肥遁：退隐。④ 微旨：指养生的秘诀。⑤ 案，这个见秦时毛女的事情，是辛文房根据常建的《山谷遇毛女意知是秦时宫人》

五言古诗而写的，但此诗只是常建据传说而虚拟，并非事实，不足凭信。⑥ 鄂渚：指今湖北武昌。

【翻译】

常建，长安人。开元十五年与王昌龄同榜中进士。大历年间，任盱眙县尉。仕途很不如意，就放浪于弹琴饮酒，往来于太白、紫阁诸峰，有隐退的愿望。曾在仙谷中采药，遇到个女子，浑身长着绿毛，自称是秦时的宫人，逃进深山，以松叶为食，就不再饥寒，于是传给常建秘诀，使常建养生不同常人。后来他住在鄂渚，招引王昌龄、张偾一起隐居，得大名于当时。有集一卷，传到今天。

崔　署

崔署生卒年均不详。《全唐诗》卷一五五收有他的诗。他的诗流传下来的不多,风调流畅圆润。

署,宋州人①。少孤贫,不应荐辟②,志况疏爽,择交于方外③。苦读书,高栖少室山中④。与薛据友善。工诗,言词款要⑤,情兴悲凉,送别、登楼,俱堪泪下。集传于今也。

【注释】

① 宋州:治所在今河南商丘。② 荐辟(bì):荐,荐举,推荐。辟,征召。③ 方外:指僧、道。④ 少室山:在今河南偃师东南、登封西北。⑤ 款要:犹言真情。

【翻译】

崔署,宋州人。少年丧父家贫,不应荐辟,志气疏爽,和僧、道做朋友。用功读书，高隐在少室山中。和薛据友好。诗写得很好，言词显真情，情兴见悲凉，送别、登楼等诗，读了都能催人泪下。有集流传到今天。

王 维

王维生于公元701年，卒于公元761年。《全唐诗》卷一二五至一二八收他的诗。王维是在唐代诗人中可与李白、杜甫媲美的大诗人。他的边塞诗景色雄伟，气概豪迈；他的田园山水诗，在宁静明秀的境界中，表现一种平静的心情，把自然的美和心境的美融为一体。既能概括地写雄伟壮阔的景物，又能细致入微地刻画自然事物的动态。语言也高度清新洗练，朴素中润泽华彩。

维，字摩诘，太原人。九岁知属辞，工草、隶①，闲音律。岐王重之②，维将应举，岐王谓曰："子诗清越者，可录数篇，琵琶新声，能度一曲，同诣九公主第③。"维如其言。是日，诸伶拥维独奏，主问何名，曰："《郁轮袍》④。"因出诗卷。主曰："皆我习讽，谓是古作，乃子之佳制乎！"延于上座，曰："京兆得此生为解头[5]，荣哉！”力荐之。开元十九年状元及第[6]，擢右拾遗，迁给事中[7]。贼陷两京[8]，驾出幸。维扈从不及，为所擒，服药，称喑病[9]。禄山爱其才，逼至洛阳，供旧职，拘于普施寺。贼宴凝碧池[10]，悉召梨园诸工合乐[11]。维痛悼，赋诗曰：“万户伤心生野烟，百官何日再朝天？秋槐花落空宫里，凝碧池头奏管弦。”时闻行在所[12]。贼平后，授伪官者皆定罪，独维得免。仕至尚书右丞[13]。维诗入妙品上上，画思亦然。至山水平远，云势石色，皆天机所到[14]，非学而能。自为诗云：“当代谬词客，前身应画师。”后人评维“诗中有画，画中有诗”，信哉！客有以按乐图示维者，曰：“此《霓裳》第三叠最初拍也[15]。”对曲果然。笃志奉佛，蔬食素衣，丧妻不再娶，孤居三十年。别墅在蓝田县南辋川[16]，亭馆相望。尝自写其景物奇胜，日与文士丘丹、裴迪、崔兴宗游览赋诗[17]，琴樽自乐。后表宅请以为寺。临终，作书辞亲友，停笔而化。代宗访维文章，弟缙集赋诗等十卷上之[18]，今传于世。

【注释】

①草隶：草书和隶书，不过当时所谓隶书实际已是今天的所谓楷书。②岐王：唐睿宗李旦第四子岐王李范。③九公主：睿宗第九女玉真公主。④郁轮袍：即王维所作琵琶曲名。⑤解头：唐代考进士科的要由地方政府先考过后解送去长安，其中第一名叫解头或解元。⑥状元：进士科中式的第一名叫状元。⑦给事中：门下省属官，掌驳正政令之违失。⑧贼：指安禄山的叛军。两京：西京长安和

东都洛阳。⑨ 喑(yīn):哑。⑩ 凝碧池:洛阳禁苑中的池。⑪ 梨园:唐玄宗选乐工子弟在长安禁苑里的梨园教练,称为“梨园弟子”。⑫ 行在所:本指古代帝王所在之地,后专指帝王外出留驻之地。⑬ 尚书右丞:唐尚书省在左、右仆射之下设左、右丞,右丞分管兵、刑、工三部。⑭ 天机:天赋灵机。⑮《霓裳》:《霓裳羽衣曲》,唐代宫廷乐舞之一。⑯ 蓝田:今陕西蓝田。辋川:即辋谷水。诸水会合如车辋环凑故名,在陕西蓝田南,源出秦岭北麓,流入灞水。⑰ 丘丹:唐苏州嘉兴(今浙江嘉兴)人,丘为之弟。历检校尚书户部员外郎,兼侍御史。裴迪(716—?):唐诗人,官蜀州刺史、尚书郎。与王维友善,曾同寓终南山相唱和。崔兴宗:官至右补阙。⑱ 缙:王维之弟王缙(700—781),与维同以文翰著称,曾两次任宰相。

【翻译】

王维,字摩诘,太原人。九岁会写文辞。草、隶都写得好,还熟悉音律。岐王很器重他,王维将应科举,岐王对他说:“你可选择清新的诗作,抄上几篇,再准备一曲琵琶新声,和我一同去九公主府第。”王维按他所说去做。这天,歌伶们簇拥着王维独奏,公主问什么曲名,王维回答:“是《郁轮袍》。”就拿出他的诗卷。公主说:“这些都是我所讽诵的,以为是古人所作,原来是你的佳作啊!”请王维坐到上座,说:“京兆府能得他为解头,真荣幸啊!”竭力推荐。开元十九年王维状元及第,升任右拾遗,又升为给事中。安禄山贼兵攻陷两京,玄宗出奔。王维没来得及跟上随从,被擒获,就吃药,假称得了哑病。安禄山欣赏他的才华，逼他到洛阳，仍任原官，拘留在普施寺里。贼众在凝碧池宴会，把梨园乐工一并招来演奏。王维很悲痛，赋诗道："万户伤心生野烟，百官何日再朝天？秋槐花落空宫里，凝碧池头奏管弦。"当时这诗一直传到了行在。乱平后，被任命的伪官，都定了罪，只有王维得以免除。官做到尚书右丞。王维的诗进入妙品之上，画的构思也是如此。至于山水平远，云势石色，都是天机所到，不是学得来的。曾自己写诗道："当代谬词客，前身应画师。"后人评论他"诗中有画，画中有诗"，确实如此啊！曾经有人拿了按乐的图画给王维看，王维说："画的是《霓裳羽衣曲》第三叠最初拍。"对奏乐曲，果然如此。王维笃信佛教，吃蔬菜着素衣，妻子死了不再娶，独自生活三十年。别墅在蓝田县南辋川，亭馆相望。曾自己描绘辋川的景物奇胜，天天和文士丘丹、裴迪、崔兴宗等游览作诗，弹琴饮酒作乐。后来上表请求将自己的宅第作佛寺。临终时，作书向亲友告别，笔停而逝。代宗访求王维的文章，由王维的弟弟王缙收集诗赋等十卷献上，至今流传于世。

刘长卿

刘长卿大约生于公元 709 年，卒于公元 780 年。《全唐诗》卷一四七至一五一收他的诗。他擅长五言诗，多写贬谪漂流的感慨和山水隐逸的闲情，和王维、孟浩然风格接近。

长卿字文房，河间人①。少居嵩山读书，后移家来鄱阳最久②。开元二十一年徐徵榜及第③。至德中④，历监察御史，以检校祠部员外郎出为转运使判官⑤，知淮西岳鄂转运留后⑥。观察使吴仲孺诬奏⑦，非罪系姑苏狱⑧。久之，贬潘州南巴尉⑨。会有为辩之者，量移睦州司马⑩，终随州刺史⑪。长卿清才冠世，颇凌浮俗，性刚，多忤权门，故两逢迁斥，人悉冤之。诗调雅畅，甚能炼饰。其自赋伤而不怨，足以发挥风雅，权德舆称为“五言长城”。长卿尝谓：“今人称前有沈、宋、王、杜，后有钱、郎、刘、李⑫。李嘉祐、郎士元何得与余并驱？”每题诗不言姓，但书长卿，以天下无不

知其名者云。灞陵碧涧有别业[13]。今集诗赋文等传世。淮南李穆[14]，有清才，公之婿也。

【注释】

①河间：郡名，治所在今河北河间。②鄱（pó）阳：今江西鄱阳。③徐徵：曾官少监，左威卫骑曹。④至德：唐肃宗年号，使用于公元756—758年间。⑤检校：是一种加官。祠部：尚书省礼部的一个司，掌祠祀、享祭、天文、漏刻、国忌、庙讳、卜筮、医药、僧尼等事。转运使判官：助理转运使负责转运谷物财货的官。⑥知：主持、执掌。淮西：今河南东部、安徽北部、淮河北岸一带。岳鄂：约在今湖北咸宁及湖南岳阳地区。留后：正职离开或去世临时代理主持工作的叫留后。⑦观察使：官名，掌考察州县官吏政绩，后兼理民事，当时重要的地方设节度使，次要的设观察使。吴仲孺：郭子仪的女婿，大历时任鄂岳观察使。⑧姑苏：苏州的别称。⑨潘州：治所在今广东高州。南巴：在今广东电白东。⑩量移：唐宋时贬谪远方，遇赦酌量转移到较近京城的地方安置，叫量移。睦州：治所在今浙江建德西北。⑪随州：治所在今湖北随县。⑫沈、宋、王、杜：沈佺期、宋之问、王维、杜甫。钱、郎、刘、李：钱起、郎士元、刘长卿、李嘉祐。⑬灞陵：在今陕西省西安市东。⑭淮南：道名，治所在今江苏扬州。

【翻译】

刘长卿，字文房，河间人。年轻时住在嵩山读书，后来迁居到鄱阳住了很久。开元二十一年徐徵榜及第。至德年间，历任监察御史，以检校祠部员外郎的身份外任转运使判官，知淮西岳鄂转运留后。观察使吴仲孺诬奏，无罪而被关进姑苏监狱。过了好久，贬为潘州南巴县尉。适逢有人为他辩护，量移为睦州司马，最后做到随州刺史。刘长卿清才冠于当世，颇凌浮俗，性刚直，多触犯权门，因此两次遭到贬谪，人们都认为他冤屈。他的诗调典雅流畅，很能锤炼修饰。自己所赋伤而不怨，足以发挥风雅，权德舆称之为“五言长城”。刘长卿曾说：“现在人们称前有沈、宋、王、杜，后有钱、郎、刘、李。李嘉祐、郎士元怎能和我并驾齐驱？”每题诗不写姓，只写长卿，认为天下没有不知道他的大名的。在灞陵碧涧有别墅。如今汇集他的诗、赋、文等流传于世。淮南李穆，有清才，是刘长卿的女婿。

李 颀

李颀生于公元 690 年，卒于公元 751 年。《全唐诗》卷一三二至一三四收他的诗。李颀诗题材广泛，风格豪壮并略带苍凉。

颀，东川人①。开元二十三年贾季邻榜进士及第，调新乡县尉②。性疏简，厌薄世务，慕神仙，服饵丹砂③，期轻举之道。结好尘喧之外，一时名辈，莫不重之。工诗，发调既清，修辞亦秀，杂歌咸善，玄理最长，多为放浪之语，足可震荡心神。惜其伟材，只到黄绶④。有集，今传。

【注释】

① 东川：李颀有讲到东川别业的诗，是把他所住颍阳（在今河南登封西）东边的颍水叫东川，辛文房因而误认他是东川人，其实唐黄河流域并无东川这个地名，以今四川三台为治所的东川节度使则在肃宗至德二年才建立，已在

李颀身后。② 新乡：今河南新乡。③ 丹砂：即辰砂，亦称朱砂。道家以为长生之药。④ 黄绶：黄色印绶。指县令一级的官员。

【翻译】

李颀，东川人。开元二十三年贾季邻榜进士及第，调任新乡县尉。性情疏简，厌薄世务，羡慕神仙，服食丹砂，期望能飞升轻举。结交世外之士，当时名辈，没有不器重他的。诗写得好，格调既清，修辞也秀，杂歌都佳，玄理尤长，多作放浪之语，足以动人心弦。只可惜如此伟才，只做到黄绶。有集子，传到如今。

孟 浩 然

孟浩然生于公元689年,卒于公元740年。《全唐诗》卷一五九、一六〇收他的诗。孟浩然的代表作是山水田园诗,写故乡襄阳的鹿门山、万山、岘山、鱼梁洲、高阳池等名胜景物,在宁静中表现对生活的美好感受。

浩然，襄阳人。少好节义，诗工五言。隐鹿门山①，即汉庞公栖隐处也②。四十游京师，诸名士间尝集秘省联句，浩然曰："微云淡河汉，疏雨滴梧桐。"众钦服。张九龄、王维极称道之。维待诏金銮③，一旦私邀入，商较风雅④。俄报玄宗临幸，浩然错愕，伏匿床下⑤，维不敢隐，因奏闻。帝喜曰："朕素闻其人而未见也。"诏出，再拜。帝问曰："卿将诗来耶？"对曰："偶不赍⑥。"即命吟近作。诵至"不才明主弃，多病故人疏"之句，帝慨然曰："卿不求仕，朕何尝弃卿，奈何诬我？"因命放还南山。后张九龄署为从事[⑦]。开元末，王昌龄游襄阳，时新病起，相见甚欢，浪情宴谑，食鲜动疾而终。

古称祢衡不遇，赵壹无禄[⑧]。观浩然磬折谦退[⑨]，才名日高，竟沦明代[⑩]，终身白衣[⑪]，良可悲夫！其诗文采丰茸[⑫]，经纬绵密，半遵雅调，全削凡近。所著三卷，今传。王维画浩然像于郢州[⑬]，为“浩然亭”，咸通中郑缄谓贤者名不可斥[⑭]，更名曰“孟亭”，今存焉。

【注释】

① 鹿门山：在今湖北襄樊东南。② 庞公：庞德公，东汉襄阳（今湖北襄樊）人，隐于鹿门山，采药以终。③ 金銮：唐大明宫内有金銮殿。④ 风雅：《诗经》分风、雅、颂，因此后人就称诗为风雅或雅颂。⑤ 床：我国古代坐具和卧具都叫床，到唐代还是这样，这床指坐具，大的可并坐几个人。⑥ 赍（jī）：带着。⑦ 从事：州府的下属官员。⑧ 赵壹：东汉辞赋家。字元叔，汉阳西县（今甘肃天水南）人。⑨ 磬（qìng）折：磬为古代乐器，用石或玉雕成，悬挂于架上，敲击发声。磬折是说弯腰如磬，表示恭敬。⑩ 明代：清明的时代。⑪ 白衣：古代平民着白衣，因此称没有考取功名入仕者为白衣。⑫ 茸（róng）：本指初生的草，引申为茂密丛生貌。⑬ 郢州：治所在京山（今湖北京山）。⑭ 咸通：唐懿宗年号，使用于公元860—874年间。郑缄：字申虞，福州闽县（今福建福州）人。官户部郎中、郢州刺史等。

【翻译】

孟浩然，襄阳人。年少时好行侠重义气，长于五言诗。

隐居在鹿门山，就是汉代庞德公隐居之处。四十岁时出游京城长安，许多当时的名士在秘书省聚会联句，孟浩然写道："微云淡河汉，疏雨滴梧桐。"大家叹服。张九龄、王维对他极其称赞。王维待诏金銮殿时，有天私下邀请他进去，商讨风雅。过一会传报玄宗皇帝驾临，孟浩然惊愕失措，躲到床下，王维不敢隐瞒，就奏报。玄宗高兴地说："我一向知道这人，却没见过面。"叫出来，孟浩然再拜，玄宗问道："你带来诗作吗？"浩然答道："恰好没有。"玄宗就让他吟诵近作。当诵到"不才明主弃，多病故人疏"的句子，玄宗慨然地说："是你不求仕进，我何尝抛弃你，你为什么要诬我？"就叫放他回南山。后来张九龄请他为从事。开元末年，王昌龄出游到襄阳，孟浩然有病刚痊癒，相见非常高兴，宴会谈笑，因吃了鱼鲜发病去世。

古人说祢衡没有遇到明主，赵壹终生不得入仕。看孟浩然恭敬谦退，名声日高，竟然沦落于清明之世，终身白衣，真可悲啊！他的诗文采茂美，构思绵密，多遵雅调，削去凡俗。所写著作有三卷，至今流传。王维曾在郢州为他画像，造"浩然亭"。咸通年间郑諴认为贤者的名字不可指斥，改名为"孟亭"，今天仍在那里。

李　白

李白生于公元 701 年，卒于公元 762 年。《全唐诗》卷一六一至一八五收他的诗，有九百多首。他的诗想象丰富并且奇特，采用浪漫主义手法，语言清新，不假雕饰，对七古和七绝这两种诗体贡献最大，被后人称为“诗仙”。

白，字太白，山东人①，母梦长庚星而诞②，因以命之。十岁通五经③，自梦笔头生花，后天才赡逸。喜纵横击剑④，为任侠，轻财好施。更客任城⑤，与孔巢父、韩准、裴政、张叔明、陶沔居徂徕山中⑥，日沉饮，号“竹溪六逸”。天宝初，自蜀至长安，道未振，以所业投贺知章，读至《蜀道难》，叹曰：“子谪仙人也⑦！”乃解金龟换酒⑧，终日相乐。遂荐于玄宗，召见金銮殿，论时事，因奏颂一篇，帝喜，赐食，亲为调羹，诏供奉翰林⑨。尝大醉，上前草诏，使高力士脱靴⑩。力士耻之，摘其《清平调》中飞燕事⑪，以激怒

贵妃。帝每欲与官，妃辄沮之[12]。白益傲放，与贺知章、李适之、汝阳王琎、崔宗之、苏晋、张旭、焦遂为“饮酒八仙人”[13]。恳求还山，赐黄金，诏放归。白浮游四方，欲登华山[14]，乘醉跨驴，经县治。宰不知，怒引至庭下曰：“汝何人，敢无礼？”白供状不书姓名，曰：“曾令龙巾拭吐[15]，御手调羹，贵妃捧砚，力士脱靴。天子门前，尚容走马，花阴县里，不得骑驴[16]？”宰惊愧，拜谢曰：“不知翰林至此。”白长笑而去。尝乘舟，与崔宗之自采石至金陵[17]，著宫锦袍坐，傍若无人。禄山反[18]，明皇在蜀[19]，永王璘节度东南[20]，白时卧庐山[21]，辟为僚佐[22]。璘起兵反，白逃还彭泽[23]。璘败，累系浔阳狱[24]。初，白游并州，见郭子仪[25]，奇之，曾救其死罪，至是郭子仪请官以赎，诏长流夜郎[26]。白晚节好黄老，度牛渚矶，乘酒捉月，沉水中。初，悦谢家青山，今墓在焉。有文集二十卷，行世。

【注释】

① 山东：古代地理上的习用语。在战国、秦、汉时习惯用来概括华山或崤（xiáo）山以东、黄河中下游广大地区，有时连长江中下游也包括进去。唐初人说的山东则主要指今河南、山东、河北等地区。因李白从小生活在任城等地，所以这里称他是山东人。② 长庚：即金星。古代把早晨出现于东方天空的金星叫“启明”，黄昏出现于西方天空的金星称“长庚”。③ 五经：指五部儒家经典，当时是《周易》、《尚书》、《毛诗》、《礼记》、《春秋左传》。④ 纵横：奔放，不受拘束。⑤ 任城：今山东济宁。⑥ 徂徕（cú lái）山：

在今山东泰安东南。孔巢父(? —784):唐冀州(治所在今河北冀县)人,字弱翁。累官至给事中、河中陕华等州招讨使。韩準、裴政、张叔明、陶沔:事迹不详。⑦ 谪(zhé)仙人:称誉才学优异的人,谓如谪降人世的神仙。⑧ 金龟:唐代官员的一种佩饰物。三品以上龟袋用金饰、四品用银饰、五品用铜饰。⑨ 供奉翰林:唐代设翰林院,养了一批能做文章、懂经学、擅书法、会下棋的人以及卜祝、僧道之流,随时听皇帝召唤,叫供奉翰林。⑩ 高力士(684—762):唐宦官。高州良德(今广东高州东北)人。玄宗时知内侍省事,权力极大。⑪ 清平调:唐大曲名,这里指李白所写的赞美杨贵妃的三首七言绝句。飞燕:指赵飞燕,汉成帝皇后,体轻善舞,故称"飞燕",但品行不端,平帝时废为庶人,自杀。这里说李白在诗中用赵飞燕来比杨贵妃,是对杨贵妃的污蔑。⑫ 沮(jǔ):阻止。⑬ 李适之:唐太宗曾孙,开元中官刑部尚书,天宝初被李林甫所害。汝阳王琎:唐睿宗之孙李琎,封汝阳王,官太仆卿。崔宗之:灵昌(今河南延津以北)人,崔日用之子,袭封齐国公。苏晋:唐蓝田(今陕西蓝田)人,玄宗时官吏部侍郎,终于太子左庶子。张旭:唐书法家。字伯高,吴(治所在今江苏苏州)人。官金吾长史,工书,草书最为知名。焦遂:事迹不详。⑭ 华山:在陕西东部,北临渭河平原。属秦岭东段。⑮ 龙巾拭吐:指皇帝用巾给李白擦净呕吐的秽物。⑯ 花阴县:即华阴县。⑰ 采石:即采石矶,原名牛渚矶,在安徽省马鞍山市长江东岸,为牛渚山突出长江而成。金陵:今江苏南京。⑱ 禄山:安禄山(? —757),唐营州柳城(今辽宁朝阳南)胡人,骁勇善战,得玄宗信任,任平卢、范阳、河东三节度使，天宝十四年冬在范阳起兵叛乱，后被其子杀死。⑲ 明皇：唐玄宗李隆基(712—756年在位)，谥号至道大圣大明孝皇帝，简称明皇。⑳ 永王璘：玄宗子李璘，封永王，任荆州大都督及山南、江西、岭南、黔中四道节度使。安史乱起，他兴兵割据失败，被杀。㉑ 庐山：在江西省北部，鄱阳湖、长江之滨。㉒ 僚佐：同“寮佐”，指同事的官佐。㉓ 彭泽：在今江西彭泽东北。㉔ 浔阳：今江西九江。㉕ 郭子仪(697—781)：唐中兴名将，华州(今陕西华县)人，官至中书令，封汾阳郡王。㉖ 夜郎：一般认为在今贵州橦梓一带。

【翻译】

李白，字太白，山东人。母亲梦见长庚星而生下他，因此给他起名太白。李白十岁就能通读五经，自己梦见笔头上生了花，后来天才赡逸。喜欢纵横击剑，干侠义的事情，施舍起来不吝惜钱财。又客居任城，和孔巢父、韩準、裴政、张叔明、陶沔住在徂徕山中，每天饮酒沉醉，号称“竹溪六逸”。天宝初年，从四川到长安，当时还没有名气，把自己的诗稿投送贺知章，贺知章读到《蜀道难》时，赞叹道：“您真是上天贬谪下来的神仙啊！”就解下自己佩带的金龟换酒，和李白整天作乐。于是把李白推荐给玄宗，玄宗在金銮殿召见李白，讨论时事，李白因此写了一篇奏颂，玄宗很高兴，赏赐他御食，亲手为他调和羹汤，让他供奉翰林。有一次李白饮酒大醉，在玄宗面前拟诏书，让高力士为他脱靴。高力士感到丢脸，就摘出李白《清平调》中引用赵飞燕故事，来激怒杨贵妃。玄宗每当要给李白官职，贵妃就阻止。可李白更加傲慢放任，和贺知章、李适之、汝阳王李琎、崔宗之、苏晋、张旭、焦遂等号称“饮酒八仙人”。恳求还山，玄宗赐给他黄金，放他回去。李白就游历四方，想攀登华山，乘着酒醉骑着驴闯过县衙。县令不知是李白，很生气地叫人把他拉到官厅下说：“你是什么人，敢如此无礼？”李白的供词却不写姓名，说：“曾令龙巾拭吐，御手调羹，贵妃捧砚，力士脱靴。天子门前尚容走马，华阴县里不得骑驴？”县令惊讶惭愧，拜谢说：“不知翰林到此。”李白大笑而去。曾乘船，和崔宗之一起从采石到金陵，穿着宫锦袍坐在船上，旁若无人。安禄山反叛，玄宗逃奔四川，永王李璘在东南任节度，李白正寓居庐山，被请为幕僚。李璘起兵谋反，李白逃回到彭泽。李璘失败，李白受牵连关进浔阳监狱。原先，李白游历并州，见到郭子仪，很惊奇，曾解救郭的死罪，这时郭子仪请求用自己的官职为李白赎罪，于是下诏把李白长流夜郎。李白晚年喜好黄老之学。一次乘船夜渡牛渚矶，乘酒兴要捉月亮，淹死在水里。当初，李白喜欢谢家青山，如今墓就在那里。有文集二十卷，在世上流行。

杜 甫

杜甫生于公元712年，卒于公元770年。《全唐诗》卷二一六至二三四收他的诗。杜甫的诗具有丰富的社会内容，鲜明的时代色彩和强烈的政治倾向，充满忧国忧民的情感，有“诗圣”之称。

甫，字子美，京兆人[①]。审言生闲，闲生甫。贫，少不自振，客吴、越、齐、赵间[②]。李邕奇其材，先往见之。举进士不中第，困长安。天宝三载，玄宗朝献太清宫、飨庙及郊[③]，甫奏赋三篇，帝奇之，使待诏集贤院。命宰相试文章，擢河西尉[④]，不拜，改右卫率府胄曹参军[⑤]。数上赋颂，高自称道，且言：“先臣恕、预以来[⑥]，承儒守官十一世，迨审言以文章显。臣赖绪业，自七岁属辞，且四十年。然衣不盖体，常寄食于人，窃恐转死沟壑，伏惟天子哀怜之。若令执先臣故事，拔泥涂久辱，则臣之述作，虽不足鼓吹《六经》[⑦]，先鸣数子，至沉郁顿挫，随时敏给，扬雄、枚皋⑧，可企及也。有臣如此，陛下其忍弃之？”会禄山乱，天子入蜀，甫避走三川⑨。肃宗立⑩，自鄜州羸服欲奔行在⑪，为贼所得。至德二年，亡走凤翔⑫，上谒，拜左拾遗。与房琯为布衣交⑬，琯时败兵，又以琴客董廷兰之故罢相⑭。甫上书言罪细不宜免大臣，帝怒，诏三司杂问⑮。宰相张镐曰⑯：“甫若抵罪，绝言者路。”帝解，不复问。时所在寇夺，甫家寓鄜，弥年艰窭⑰，孺弱至饿死，因许甫自往省视。从还京师，出为花州司功参军⑱。关辅饥⑲，辄弃官去。客秦州⑳，负薪拾橡栗自给㉑。流落剑南，营草堂成都西郭浣花溪㉒。召补京兆功曹参军㉓，不至。会严武节度剑南西川㉔，往依焉。武再帅剑南，表为参谋㉕，检校工部员外郎㉖。武以世旧，待甫甚善，亲诣其家。甫见之，或时不巾㉗，而性褊躁傲诞，常醉登武床，瞪视曰㉘：“严挺之乃有此儿㉙！”武中衔之，一日欲杀甫，集吏于门，武将出，冠钩于帘者三，左右走报其母，力救得止。崔旰等乱㉚，甫往来梓、夔间㉛。大历中，出瞿塘㉜，溯沅、湘以登衡山㉝。因客耒阳㉞，游岳祠，大水暴至，涉旬不得食，县令具舟迎之，乃得还，为设牛炙㉟、白酒，大醉，一夕卒，年五十九。甫放旷不自检，好论天下大事，高而不切也。与李白齐名，时号“李杜”。数尝寇乱，挺节毋所污。为歌诗，伤时挠弱㊱，情不忘君，人皆怜之。坟在岳阳㊲。有集六十卷及润州刺史樊晃纂小集㊳，今传。

能言者未必能行，能行者未必能言。观李、杜二公，崎岖板荡之际㊴，语语王霸㊵，褒贬得失，忠孝之

心，惊动千古，骚雅之妙[41]，双振当时，兼众善于无今，集大成于往作，历世之下，想见风尘。惜乎长辔未骋[42]，奇才并屈，竹帛少色[43]，徒列空言，呜呼哀哉！昔谓杜之典重，李之飘逸，神圣之际，二公造焉。观于海者难为水，游李、杜之门者难为诗，斯言信哉！

【注释】

① 京兆：京兆府治所在今陕西西安。② 吴、越、齐、赵：古代地理习用语。吴大体指今江苏长江以南。越大体指今浙江。齐大体指今山东。赵大体指今山西中部、河北西南部。③ 朝献：一种祭礼。飨(xiǎng)：祭献。庙：太庙，皇家祖庙。郊：郊礼，在南郊祭天。④ 河西：县名。在今陕西合阳东。⑤ 右卫率府：东宫十卫率府之一，掌东宫羽卫兵仗之政令。胄曹参军：是看守兵器、管理门禁的小官。⑥ 恕、预：杜恕，三国魏散骑黄门侍郎、幽州刺史。杜预：西晋驸马都尉，镇南大将军，封当阳县侯。都是杜甫的祖先。⑦ 鼓吹(旧读去声)：宣扬。六经：《诗》、《书》、《礼》、《乐》、《易》、《春秋》，先秦时就有此说法，但《乐》实无其书，只有乐谱。⑧ 扬雄(公元前 53—公元 18)：西汉文学家。字子云，蜀郡成都(今四川成都)人。以辞赋闻名于世。枚皋：西汉辞赋家。字少孺，淮阴(今江苏淮阴)人，枚乘之子，以下笔敏捷得名。⑨ 三川：县名，在今陕西黄陵北。⑩ 肃宗：唐肃宗李亨(756—762 年在位)。⑪ 鄜(fū)州：治所在今陕西富县。羸服：贫贱人的衣着。⑫ 凤翔：府名，治所在今陕西凤翔。⑬ 房琯(guǎn)(697—763)：唐河南人，字次律，官文部尚书，同中书门下平章事。布衣交：布衣是

庶人之服,喻贫贱之交。⑭ 董廷兰:唐代琴家,陇西(今甘肃陇西)人。房琯门客,善弹《胡笳》,名于时。⑮ 三司:唐以御史大夫、中书、门下为三司,受理刑狱。⑯ 张镐:唐博州(治所在今山东聊城东北)人,字从周,曾二度任宰相。⑰ 弥年:经年。窭:贫寒。⑱ 花州:即华州,治所在今陕西华县。司功参军:州府的佐吏,掌考察官吏、记录功劳。⑲ 关辅:指关内畿辅地区,今陕西的关中地区。⑳ 秦州:治所在今甘肃天水。㉑ 橡栗:橡树的果实,即栎实,可充饥。㉒ 成都:府名,治所在今四川成都。浣花溪:锦江的支流,在今成都西郊。㉓ 功曹参军:即司功参军。㉔ 严武:唐华阴(今陕西华阴)人,两任剑南西川节度使,封郑国公。剑南西川:唐方镇名,治所在今四川成都。辖今四川成都平原及其以北以西和雅砻江以东地区。㉕ 参谋:唐节度使所属幕僚,掌参议谋画。㉖ 检校工部员外郎:尚书省工部所属的工部司的副主管,掌城池的工役程式,检校官只是个虚衔。㉗ 巾:这里指冠的一种。用纱罗布葛等制成。㉘ 瞪:怒目直视。㉙ 严挺之:严武之父,曾官给事中。㉚ 崔旰(gàn 干):唐贝州安平(今山东益都西北)人,代宗时任剑南西川都知兵马使,杀节度使郭英乂,邛、泸、剑三州起兵讨旰,蜀中大乱。㉛ 梓:梓州,治所在今四川三台。夔(kuí 葵):夔州,治所在今四川奉节东。㉜ 瞿塘:瞿塘峡,长江三峡之一。西起今四川奉节白帝城,东至巫山县大宁河口。㉝ 衡山:南岳衡山,在湖南衡山县西。㉞ 耒阳:今湖南耒阳。㉟ 炙(zhì):烤,烤肉。㊱ 挠弱:懦弱,无能。㊲ 岳阳:今湖南岳阳。㊳ 润州:治所在丹徒(今江苏镇江)。㊴ 板荡:《诗经·大雅》有讲政局动乱的《板》、《荡》两篇，后人就以板荡指政局动乱，社会不安宁。㊵ 王霸：王业与霸业。㊶ 骚雅：指《离骚》和《诗经》中的大小雅，泛指诗。㊷ 长辔（pèi）：辔指驾驭牲口的缰绳。借指驾驭待发的良马。㊸ 竹帛：竹简和帛，古代供书写之用，这里借指史书。

【翻译】

杜甫字子美，京兆人。杜审言生杜闲，杜闲生杜甫。贫穷，年少时无从有所表现，客居吴、越、齐、赵之间。李邕惊奇他的才华，先去拜见他。举进士科没有中式，困居长安。天宝三载，玄宗朝献太清宫，又祭祀宗庙并郊天，杜甫奏上三篇赋，玄宗惊叹他的才华，命他待诏集贤院，又让宰相考试他的文章，擢任他为河西尉，没有上任，又改任为右卫率府胄曹参军。以后又多次献上赋颂，称道自己说："从先臣杜恕、杜预以来，从事儒学任官职已有十一代，到杜审言就以文章通显，臣仰仗祖宗遗业，从七岁起写文章，到现在将近四十年了，仍然衣不遮体，常靠别人提供饭食，生怕辗转死于沟壑，恳求天子能怜惜。如果让我能像先臣那样，从久受屈辱的泥涂中提拔出来，那臣的文章，虽不足以为《六经》鼓吹，诸子的先鸣而沉郁顿挫，随时挥写，像扬雄、枚皋那样，也是可以赶得上的。有这样的臣子，陛下忍心弃置吗？"不久安禄山叛乱，玄宗入蜀，杜甫也逃到三川县。肃宗即位，杜甫穿着穷人的衣服正想从鄜州赶去皇上驻在地，被叛军抓获。至德二年，逃跑到凤翔，谒见皇上，被任命为左拾遗。杜甫和房琯是贫贱之交，当时房琯领兵打了败仗，又因琴工董廷兰的缘故被免去宰相之职，杜甫上书说小罪不应该免大臣职，皇上发怒，下诏三司审问。

宰相张镐说:"杜甫如果被判罪,就断绝了进谏的道路。"皇上醒悟,不再追问。当时到处遭到叛军侵占掠夺,杜甫家在鄜州,长年贫困,幼子都被饿死,于是准许杜甫前去探望。回到京师以后,又被派出做华州司功参军。关辅闹饥荒,他弃官离去。客居秦州,背柴采摘橡栗来过活,流落到剑南,在成都西面的浣花溪营建了草堂。有诏书任命他做京兆府功曹参军,他没有去。正赶上严武做剑南西川节度使,就前往依附。严武第二次做剑南西川节度使时,上表让杜甫做参谋,检校工部员外郎。严武因为和杜甫是世交,对待杜甫极好,亲自去他家。而杜甫见他时,有时连巾都不戴,而且脾气急躁傲慢,曾喝醉酒登上严武的坐床,瞪起眼睛说道:"严挺之居然有这样的儿子!"严武内心记恨,有天想杀掉杜甫,吏已聚集到门前,严武将出去,帽子三次钩在帘子上,左右的人报告了他的母亲,他母亲竭力劝阻才作罢。崔旰等叛乱,杜甫往来于梓州、夔州之间。大历年间,出瞿塘峡,上溯沅水、湘水,登上衡山。于是客居耒阳,游览岳祠,大水暴涨,弄得他上十天没有东西吃,县令弄了船去营救,才能回来,为他备了牛肉、白酒,杜甫喝得大醉,只一个晚上就去世,年五十九岁。杜甫狂放不自检点,喜欢谈论天下大事,调子高而不切实际。和李白齐名,当时号称"李杜"。多次经历叛乱,而保持气节不被玷污。写歌诗,感伤时世,念念不忘君主,人们对他都很同情。坟墓在岳阳。有集六十卷和润州刺史樊晃纂集的小集,至今流传。

能说的未必能实行,能实行的未必能说。从李、杜二公来看,艰难于板荡之时,句句讲王霸之事,褒贬得失,忠孝之心，惊动千古，骚雅之妙，振起当世，兼有众善，今人难及，集大成于古人所作，历代之下，可想见风尘。只可惜长辔未能驱驰，奇才都受委屈，只留下了空言，使竹帛减少颜色，唉，真可悲啊！过去说杜甫的典雅厚重，李白的潇洒飘逸，神圣境界，是二公之所创造。见过大海的难为水，游于李、杜之门的难为诗，这话确实如此！

高　适

高适大约生于公元 700 年，卒于公元 765 年。《全唐诗》卷二一一至二一四收他的诗。他和岑参齐名，唐代边塞诗的代表作家。所作笔力雄毅，有风骨。

适，字达夫，一字仲武，沧州人[①]。少性拓落[②]，不拘小节，耻预常科，隐迹博徒[③]，才名便远。后举有道，授封丘尉[④]。未几，哥舒翰表掌书记[⑤]。后擢谏议大夫[⑥]。负气敢言，权近侧目。李辅国忌其才[⑦]，蜀乱，出为蜀、彭二州刺史[⑧]，迁西川节度使[⑨]，还为左散骑常侍[⑩]。永泰初卒[⑪]。适尚气节，语王霸，衮衮不厌[⑫]。遭时多难，以功名自许。年五十始学为诗，即工，以气质自高，多胸臆间语。每一篇已，好事者辄传播吟玩。尝过汴州，与李白、杜甫会，酒酣登吹台，慷慨悲歌，临风怀古，人莫测也。中间偶和颇多。今有诗文等二十卷，及所选至德迄大历述作者二十六人诗为

《中兴间气集》二卷⑬，并传。

【注释】

① 沧州：治所在今河北沧县东南。② 拓落：指人胸怀宽广。③ 常科：通常的科举名目，即进士科、明经科等。博徒：赌徒。④ 封丘：今河南封丘。⑤ 哥舒翰（？—757）：唐大将，突厥族哥舒部人，任陇右节度使，后兼河西节度使，封西平郡公。掌书记：节度使的属官，掌笺奏文书。⑥ 谏议大夫：唐官名，有左、右谏议大夫，分属门下、中书省，掌侍从规谏。⑦ 李辅国（704—762）：宦官，肃宗时曾掌大权，极其专横。⑧ 蜀、彭二州：蜀州治所在今四川崇庆。彭州治所在今四川彭县。⑨ 西川：剑南西川。⑩ 散骑常侍：官名，有左、右散骑常侍，分属于门下、中书省，在皇帝左右规谏过失，以备顾问，当时多用为将相大臣的兼职。⑪ 永泰：唐代宗李豫年号，使用于公元765—766年间。⑫ 衮衮：形容说话滔滔不绝。⑬《中兴间气集》：诗总集。唐高仲武编选。二卷：选肃宗、代宗"中兴"时诗歌，二十六人，一百三十四首，故名，并非高适所编，这里沿袭前人之误。

【翻译】

高适，字达夫，一字仲武，沧州人。年少时胸怀宽广，不拘小节，以参与寻常科举为耻，混迹于博徒之中，而才名已远扬。后来考中有道科，任封丘尉。没多久，哥舒翰表请他掌书记。后升谏议大夫。他为人负气敢直言，有权势的近臣都对他侧目相看。李辅国忌他的才，蜀地发生叛乱，就派他去做蜀、彭两州的刺史，又升迁为西川节度使，还朝任左散骑常侍。永泰初年去世。高适崇尚气节，谈论王霸事业，滔滔不厌。遇上多难之时，以功名自许。年五十才学写诗，很快就能写得好。气质很高，多写出胸里的话。每一篇写成，好事者就传播吟玩。曾经过汴州，和李白、杜甫相会，酒酣后登上吹台，慷慨悲歌，临风怀古，人们对他莫测高深。其中酬唱之作很多。现有诗文等二十卷和他所选至德到大历年间作者二十六人的《中兴间气集》二卷，都流传下来。

孟云卿

孟云卿大约生于公元725年,卒年已不可考。《全唐诗》卷一五七收他的诗。其诗感情基调低沉,多写人生的悲惨与艰辛。

云卿,关西人[1]。天宝间不第,气颇难平,志亦高尚,怀嘉遁之节[2]。与薛据相友善。尝流寓荆州,杜工部多有与云卿赠答之作[3],甚爱重之。工诗,其体祖述沈千运[4],渔猎陈拾遗[5],词气伤怨。虽然模效才得升堂,犹未入室,然当时古调,无出其右,一时之英也!如"虎豹不相食,哀哉人食人",又"朝亦常苦饥,暮亦常苦饥。飘飘万里余,贫贱多是非。少年莫远游,远游多不归",皆为当代推服。韦应物过广陵[6],遇孟九赠诗云[7]:"高文激颓波,四海靡不传。西施且一笑[8],众女安得妍。"其才名于此可见矣。仕终校书郎。集今传。

【注释】

① 关西：古代地理习用语，唐时泛指函谷关或潼关以西地区。② 嘉遁：古代用来称颂隐居遁世之辞。③ 杜工部：指杜甫。④ 沈千运（约 707—约 757）：唐诗人。吴兴（今浙江湖州）人。天宝中，历试不第。⑤ 陈拾遗：指陈子昂，本书有传，已入选。⑥ 广陵：治所在今江苏扬州。⑦ 孟九：指孟云卿。⑧ 西施：传说中春秋末越国美女，越王勾践把她献给了吴王夫差。

【翻译】

孟云卿，关西人。天宝年间科举没有考中，气很难平，志向也很高尚，有隐退避世的想法。和薛据相友好。曾经到荆州暂住，杜工部和他有许多投赠酬答的作品，对他很爱重。他长于写诗，体裁崇尚沈千运，采撷陈拾遗，词气伤于幽怨。虽然模仿才能登堂，还没有入室，但当时写古调的，没有人能胜过他，也是一时之英啊！像"虎豹不相食，哀哉人食人"，"朝亦常苦饥，暮亦常苦饥。飘飘万里余，贫贱多是非。少年莫远游，远游多不归"等诗句都为当时人所推崇佩服。韦应物经过广陵，遇到孟云卿赠诗道："高文激颓波，四海靡不传。西施且一笑，众女安得妍。"他的才名由此可见了。官终于校书郎。集子流传到如今。

卷 三

岑 参

岑参①生于公元715年,卒于公元770年。《全唐诗》卷一九八至二〇一收他的诗。他的诗基本特征是慷慨报国的英雄气概和不畏艰苦的乐观精神,和高适并称边塞诗人。

参，南阳人，文本之后②。天宝三年赵岳榜第二人及第。累官左补阙、起居郎③，出为嘉州刺史④。杜鸿渐表置安西幕府，拜职方郎中，兼侍御史⑤，辞罢。别业在杜陵山中⑥。后终于蜀。参累佐戎幕，往来鞍马烽尘间十余载，极征行离别之情，城障塞堡，无不经行。博览史籍，尤工缀文，属词清尚，用心良苦，诗调尤高，唐兴罕见此作。放情山水，故常怀逸念，奇造幽致，所得往往超拔孤秀，度越常情，与高适风骨颇同，读之令人慷慨怀感。每篇绝笔，人辄传咏。至德中，裴休、杜甫等常荐其识度清远⑦，议论雅正，佳名早立，时辈所仰，可以备献替之官；未及大用而谢世，岂不伤哉！有集十卷行于世，杜确为之序云。

【注释】

① 参：音 shēn。② 文本：岑文本，唐贞观中任中书令。③ 补阙：唐官名，武则天时置，有左、右补阙，分属门下、中书省。对皇帝进行规谏，并举荐人才。起居郎：门下省属官，掌记帝王言行。④ 嘉州：治所在今四川乐山。⑤ 杜鸿渐：唐濮阳（在今河南濮阳南）人。玄宗时为朔方判官。肃宗时，累迁河西、荆南节度使。代宗时进中书侍郎。安西幕府：安西四镇节度使的僚属。职方郎中：尚书省兵部的职方司的长官，掌地图、城隍、镇戍、烽候、防人道路之远近及四夷归化之事。侍御史：唐御史台属官，掌纠举弹劾百僚，推鞠狱讼、知公廨等。⑥ 杜陵：今陕西西安市东南。⑦ 裴休：唐济源人，宣宗时以兵部侍郎进同中书门下平章事。这里应是裴荐。裴休、杜甫、岑参等早已去世。

【翻译】

岑参，南阳人，岑文本的后代。天宝三年赵岳榜第二名及第。连续任左补阙、起居郎，出任嘉州刺史。杜鸿渐表请他进安西幕府，任职方郎中，兼侍御史，他推辞没干。别墅在杜陵山中。后来在四川去世。岑参多次在戎幕任职，在马背上烽火间奔波了十几年，备尝征行离别之情，城障边塞，没有不经行。博览史籍，尤长于作文，词句清新雅致，用心良苦，诗调尤其高，自唐朝兴建以来很少见到这样的作品。岑参寄情于山水之间，因此常有隐遁的思想，造语奇而有致，常常超拔孤秀，非同一般，与高适的风骨颇相似，读了使人慷慨感怀。每当一篇写成，就被人们传诵。至德年间，裴休、杜甫等人常推荐他见识深远，议论雅正，美名早立，为时人敬仰，可以出任备献替的谏官；但还没有得到重用就逝世，岂不令人伤悲！有集十卷通行于世，杜确给作序。

王之涣

王之涣生于公元688年,卒于公元742年。《全唐诗》卷二五三仅收他的诗六首。他是年辈较早的盛唐边塞诗人。所作以塞外壮阔景色为背景,表现了对戍卒的同情。

之涣,蓟门人①。少有侠气,所以游皆五陵少年②,击剑悲歌,从禽纵酒。后折节工文③,十年名誉日振。耻困场屋④,遂交谒名公。为诗情致雅畅,得齐、梁之风⑤。每有作,乐工辄取以被声律。与王昌龄、高适、畅当忘形尔汝⑥。尝共诣旗亭⑦,有梨园名部继至⑧。昌龄等曰:"我辈擅诗名,未定甲乙。可观诸伶讴诗,以多者为优。"一伶唱昌龄二绝句,一唱适绝句。之涣曰:"乐人所唱皆下俚之词。"须臾,一佳妓唱曰:"黄沙远上白云间,一片孤城万仞山。羌笛何须怨杨柳,春风不度玉门关。"复唱二绝,皆之涣词。三子大笑。曰:"田舍奴⑨,吾岂妄哉!"诸伶竟不谕其故，拜曰："肉眼不识神仙。"三子从之酣醉终日，其狂放如此云。有诗传于今。

【注释】

① 蓟门：指蓟州，治所在今天津蓟县。② 五陵少年：西汉皇帝陵周围有贵戚及四方富豪居住。其中最著名的是高帝长陵、惠帝安陵、景帝阳陵、武帝茂陵及昭帝平陵，后人就以五陵少年来称豪贵子弟。③ 折节：改变平日的志节行为。④ 场屋：特指科举考试的场所。⑤ 齐、梁之风：南朝齐梁时出现的讲求音韵、对仗，遣词绮丽浮艳之诗风。⑥ 畅当：唐河东（今山西永济）人，贞元初为太常博士。与王之涣不是同时代人，为辛文房误记。⑦ 旗亭：指酒楼。⑧ 梨园名部：名艺人。⑨ 田舍奴：农家子弟，有轻视之意。

【翻译】

王之涣，蓟门人。年少时有侠气，和他在一起活动的都是些五陵少年，击剑悲歌，打猎饮酒。后来折节工于诗文，十年时间名声日振。以困于场屋为耻，就交往名士。写诗情调雅畅，得齐、梁之风。每有新作，就被乐工拿去谱上声律。王昌龄、高适、畅当和他谈笑忘形以"尔"、"汝"相称。曾一起去旗亭，有梨园名部相继而来。王昌龄等说："我们都有诗名，但未分高下。现在看伶人们唱诗作，被唱得多的取胜。"一个伶人唱了王昌龄的二首绝句，一个唱了高适的一首绝句。王之涣说："他们唱的都是低下俚俗之词。"不一会，一个漂亮的歌妓唱道："黄沙远上白云间，一片孤城万仞山。羌笛何须怨杨柳，春风不度玉门关。"接着又唱了两首绝句，都是王之涣的，三人放声大笑。王之涣道："田舍奴，我没有胡说吧！"伶人们不明白是怎么回事，下拜说："我们真是肉眼不识神仙。"三人和伶人们一起畅饮终日。王之涣的狂放就是如此。有诗流传到现在。

贺知章

贺知章生于公元659年,卒于公元744年。《全唐诗》卷一一二收他的诗。他和张旭、包融、张若虚被称为"吴中四杰",他的诗能用清新的语言来表现浓烈的情思韵味。

知章，字季真，会稽人。少以文词知名。性旷夷①，善谈论笑谑。证圣初②，擢进士超拔群类科。陆象先在中书③，引为太常博士④。象先与知章最亲善，常曰："季真清谈风韵，吾一日不见，则鄙吝生矣⑤。"当时贤达，皆倾慕之。为太子宾客⑥。开元十三年，迁礼部侍郎兼集贤院学士。晚年尤加纵诞，无复礼度，自号"四明狂客"⑦，又称"秘书外监"⑧。遨游里巷。又善草、隶，每醉辄属辞，笔不停辍，咸有可观，每纸不过数十字，好事者共传宝之。天宝三年，因病，梦游帝居。及寤⑨，表请为道士，求还乡里，即舍住宅为千秋观。上许之，诏赐镜湖、剡溪一曲⑩，以给渔樵。帝赋

诗及太子、百官祖饯⑪。寿八十六。集今传。

【注释】

① 旷夷：胸怀开阔坦荡。② 证圣：武则天年号，使用于公元695年。③ 陆象先：唐苏州吴县（今江苏苏州）人。官中书侍郎同中书门下平章事。④ 太常博士：太常寺的属官，掌辨别朝廷五礼，议定三公以及三品以上官员功过善恶的谥号。⑤ 鄙吝：庸俗、贪鄙。⑥ 太子宾客：皇太子属官，掌调护、侍从、规谏。⑦ 四明：即四明山，在今浙江宁波。传说山上有方石，四面如窗，中通日月星宿之光。⑧ 秘书外监：秘书省的长官叫秘书监，秘书外监是在外边的秘书监。⑨ 寤（wù）：睡醒。⑩ 镜湖：在今浙江绍兴会稽山北麓。剡（shàn）溪：在今浙江嵊州，即曹娥江上游。一曲：一小块地方。⑪ 祖饯：饯行，办宴饮以送行。

【翻译】

贺知章，字季真，会稽人。年轻时以文词知名，性情开阔坦荡，喜欢谈论开玩笑。证圣初年，考中超拔群类科进士。陆象先在中书省时，引荐他做太常博士。陆象先与贺知章关系最密切，常说："季真清谈风韵，我一天不见，就生鄙吝之心。"当时贤达，都很仰慕他。任太子宾客。开元十三年，升任礼部侍郎兼集贤院学士。晚年更加放诞，不讲礼节法度，自号"四明狂客"，又称"秘书外监"。在里巷里游荡。又擅长写草书和隶书，每当酒醉就写文辞，笔不停，写出来都很可观，每张纸只写几十字。好事的人相互传授，视为珍宝。天宝三年，因为有病，梦游天帝所居。等醒后，上表请求做道士，回家乡，就把自己的住宅施舍做千秋观。皇上恩准，并赐给他镜湖和剡溪的一小块地方，供他渔樵。皇上作诗并同太子、百官给他饯行。他寿至八十六岁。集子流传到现在。

元 结

元结生于公元 719 年,卒于公元 772 年。《全唐诗》卷二四〇、二四一收他的诗。他的诗多数是古体,能抒写人民疾苦。

结,字次山,武昌人,鲁山令元紫芝族弟也①。少不羁,弱冠始折节读书。天宝十三年进士,礼部侍郎杨浚见其文,曰:“一第慁子耳②。”遂擢高品。后举制科③。会天下乱,沉浮人间,苏源明荐于肃宗,授右金吾兵曹④,累迁御史,参山南来瑱府⑤。除容管经略使⑥。始隐于商山中⑦,称元子。逃难入琦玕洞⑧。称琦玕子,也称浪士。渔者或称聱叟,酒徒漫叟。及为官,呼漫郎。皆以命所著。性梗僻⑨,深憎薄俗,有忧道悯世之心。《中兴颂》一文,灿烂金石,清夺湘流。作诗著辞,尚聱牙⑩。天下皆知敬仰。复嗜酒,有句云“有时逢恶客”,自注:“非酒徒即恶客也。”有《文编》十卷及所集当时人诗为《箧中集》一卷,并传。

【注释】

① 鲁山：县名，今河南鲁山。元紫芝：唐元德秀(696—754)，字紫芝。为鲁山令一年即去职。② 慁(hùn)：污辱。③ 制科：唐代科举考试制度，除地方贡举外，皇帝亲自在殿廷诏试的称制科举，简称制科。④ 右金吾兵曹：右金吾卫下的兵曹参军。⑤ 山南：即山南道，辖今四川嘉陵江流域以东，陕西秦岭、甘肃嶓冢山以南，河南伏牛山西南，湖北涢水以西，自四川重庆至湖南岳阳之间的长江以北地区。开元时分山南东道、西道。东道治所在今湖北襄阳，西道治所在今陕西汉中。来瑱：唐邠州永寿(今陕西永寿)人。曾任山南东道节度使。⑥ 容管经略使：治所在今广西北流。⑦ 商山：在陕西商县东南。⑧ 琦玕洞：在今湖北黄石东。⑨ 梗僻：梗，挺直、强硬。僻，冷僻。⑩ 聱(áo)牙：语言不平易。

【翻译】

元结字次山，武昌人，鲁山县令元紫芝的同族兄弟。年少时放荡不羁，弱冠才折节读书。天宝十三年举进士科，礼部侍郎杨浚见了他的文章，说："中个科举只算对这人的污辱。"就让他名列前茅。后来又举制科。正值天下大乱，他浮沉于人间，苏源明把他推荐给肃宗，被任命为右金吾兵曹参军，几次升迁为御史，到山南东道节度使来瑱幕府中任参谋。任容管经略使。他开始隐居在商山时，称元子。逃难进琦玕洞，称琦玕子，也称浪士。渔翁称他聱叟，酒徒称他漫叟。到做了官，称为漫郎。这些称呼都被他用来给著作命名。他性格梗直冷僻，憎恶习俗的浮薄，有忧道悯世之心。所撰《中兴颂》一文，灿烂如同金石，清新超过湘水。写诗作文，好用聱牙之词。天下人都很敬仰他。他又喜欢喝酒，有诗句说“有时逢恶客”，自注：“不是酒徒就算恶客。”有《文编》十卷和收集当时人诗成《箧中集》一卷，都流传下来。

郎 士 元

郎士元，生卒年不详。《全唐诗》卷二四八收他的诗。他与钱起齐名，诗多投赠送别之作。

士元，字君胄，中山人也①。天宝十五载卢庚榜进士。宝应初②，选京畿县官③，诏试政事中书，补渭南尉④。历左拾遗，出为郢州刺史⑤。与员外郎钱起齐名⑥。时朝廷自丞相以下，出牧奉使，无两君诗文祖饯，人以为愧，其珍重如此。二公体调，大抵欲同，就中郎君稍更闲雅，逼近康乐⑦，珠联玉映，不觉成编，掩映时流，名不虚矣。有别业在半日吴村⑧，王季友、钱起等皆见题咏⑨，每夸胜绝。诗集今传于世。

【注释】

① 中山：今河北定县。② 宝应：唐肃宗李亨年号，使用于公元 762 年。③ 京畿：唐开元时在长安附近设京畿道。④ 渭南：县名，今陕西渭南。⑤ 郢州：治所在今湖北京

山。⑥ 钱起：本书有传，已入选。⑦ 康乐：指晋宋间诗人谢灵运，谢袭封康乐公。⑧ 半日吴村：即半日村，在今陕西渭南。《太平寰宇记》称："此村山高亏蔽，阴影常照其一半。"⑨ 王季友：本书有传，唐河南(今河南洛阳一带)人。

【翻译】

郎士元字君胄，中山人。天宝十五年卢庚榜进士。宝应初年，朝廷选用京畿县官，下诏在中书省考试政事，授郎士元渭南县尉。历任左拾遗，外任郢州刺史，与员外郎钱起齐名。当时朝廷自丞相以下，外任或出使，如果没有他俩的诗文饯行，人们认为很惭愧，他俩就这样地受到珍重。两位的体制声调大抵相同，其中郎士元的稍微更加闲雅，逼近谢灵运，像珠联玉映，随意成编，和当时名流相辉映，名不虚传了。有别墅在半日吴村，王季友、钱起等人都有题咏，盛赞胜境。诗集如今流传于世。

皇甫冉

皇甫冉大约生于公元716年,卒于公元769年。《全唐诗》卷二四九、二五〇收他的诗。他的诗多赠别之作,和弟皇甫曾齐名。

冉,字茂政,安定人①,避地来寓丹阳②。耕山钓湖,放适闲淡,或云秘书少监彬之侄也③。十岁能属文,张九龄一见,叹以清才。天宝十五年卢庚榜进士,调无锡尉④,营别墅阳羡山中⑤。大历初,王缙为河南节度,辟掌书记。后入为左金吾卫兵曹参军,仕终拾遗、左补阙。公自擢桂礼闱⑥,便称高格。往以世道艰虞,遂心江外,故多飘薄之叹⑦。每文章一到朝廷,而作者变色,当年才子,悉愿缔交,推为宗伯⑧。至其造语玄微,端可平揖沈、谢,雄视潘、张⑨。惜乎长辔未骋,芳兰早凋,良可痛哉!有诗集三卷,独孤及为序,今传。

【注释】

① 安定:今甘肃泾川。② 丹阳:今江苏丹阳。③ 彬:皇甫彬,皇甫冉伯父,曾官集贤院修撰。秘书少监:秘书省的副长官,掌经籍图书之事。④ 无锡:今江苏无锡。⑤ 阳羡山:在今江苏宜兴。⑥ 擢桂:比喻登科及第。礼闱:即礼部试,唐代进士科由吏部考功员外郎主持,后改由礼部侍郎主持,通称省试。历代相延,科举遂成为礼部专职,因称在京举行的会试为礼部试,亦称礼闱。⑦ 飘薄:即飘泊,喻东奔西走,行止无定。⑧ 宗伯:称受人尊敬的大师。⑨ 端:真正。沈、谢:指南朝梁沈约和南朝齐谢朓。潘、张:指西晋潘岳和张载、张协兄弟。

【翻译】

皇甫冉,字茂政,安定人,避乱来丹阳定居。在山上耕种在湖里钓鱼,恬淡闲适,有人说他是秘书少监皇甫彬的侄儿。他十岁就能写文章,张九龄一见,就赞赏他是清才。天宝十五年中卢庚榜进士,调任无锡县尉,在阳羡山中建造了别墅。大历初年,王缙做河南节度使,请他掌书记。后入朝做左金吾卫兵曹参军,最后做到拾遗、左补阙。皇甫冉自从在礼闱中式,就有高标格之称。以前因世道艰辛,就寄情江外,因此诗里多飘泊之叹。每当他的文章一传到朝廷,就会使作者们变色,当年的才子们,都愿意和他结交,推他为文章宗伯。至于他造语玄妙,真可以平揖沈约、谢朓,雄视潘岳、张载。只可惜他还没有充分发挥自己的才干,就芳兰早凋了,实在让人痛心啊!有诗集三卷,独孤及作序,至今流传。

皇甫曾

皇甫曾生年不详，大约卒于公元785年。《全唐诗》卷二一〇收他的诗。其诗多五七言近体，句法工稳。

曾，字孝常，冉之弟也。天宝十二年杨儇榜进士。善诗，出王维之门，与兄名望相亚①。当时以比张氏景阳、孟阳，协居上品，载处下流②，侍御、补阙③，文词亦然。体制清紧，华不胜文，为士林所尚。仕历侍御史，后坐事贬舒州司马④，量移阳翟令⑤。有诗一卷，传于世。

【注释】

① 亚：仅次一等叫亚。② 张氏景阳、孟阳：西晋张协字景阳，兄张载字孟阳。梁钟嵘作《诗品》将以前诗人分上、中、下三品，以张协为上品，张载为下品。③ 侍御、补阙：皇甫曾任侍御史，皇甫冉任左补阙。这里指他俩。

④ 舒州：治所在今安徽潜山。⑤ 阳翟：县名，今河南禹州。

【翻译】

皇甫曾，字孝常，皇甫冉的弟弟。天宝十二年中杨儇榜进士。长于写诗，出自王维门下，与哥哥皇甫冉名声相亚。当时人把他们比作张协、张载弟兄。张协居上品、张载居下品，侍御和补阙，在文词上也是如此。皇甫曾文章清紧，华采不胜其文，被文士们所推崇。历任侍御史，后来因事贬为舒州司马，量移为阳翟令。有诗一卷，流传于世。

独 孤 及

独孤及生于公元725年,卒于公元777年。《全唐诗》卷二四六、二四七收他的诗。独孤及以散文著称于世,诗也写得清新别致。

及,字至之,河南人①。丱角时诵《孝经》②,父试之曰:“尔志何语?”曰:“立身行道,扬名于后世。”天宝末,以道举高第③。代宗召为左拾遗,迁礼部员外郎,历濠、舒、常三州刺史④。及性孝友,喜鉴拔⑤。为文必彰明善恶,长于议论。工诗,格调高古,风尘迥绝,得大名当时。有集传世。

【注释】

① 河南:府名,开元时改洛州为河南府,治所在今河南洛阳东。② 丱(guàn)角:指童年,古代儿童束发成两角的样子,叫丱角。③ 道举:唐玄宗崇尚道教,在科举中设了洞晓玄经科,这道举就指通晓玄经科。④ 濠州:治所在今

安徽凤阳东。常州:治所在今江苏常州。⑤ 鉴拔:鉴识和选拔人才。

【翻译】

独孤及,字至之,河南人。童年时读《孝经》,父亲试他问道:"你有志于哪句话?"回答道:"立身行道,扬名于后世。"天宝末年,以高名次中道举。代宗召他做左拾遗,后升为礼部员外郎,历任濠、舒、常三州刺史。独孤及秉性孝友,喜欢识拔人才。作文一定要彰明善恶,长于议论。诗写得好,格调高古,全然不同于流俗,在当时享有大名声。有集子流传于世。

戎 昱

戎昱大约生于公元740年,卒于公元787年。《全唐诗》卷二七〇收他的诗。其中有许多边塞诗,还有新乐府诗。

昱,荆南人。美风度,能谈。少举进士不上,乃放游名都。虽贫士,而轩昂气不消沮。爱湖、湘山水①,来客。时李夔廉察桂林②,寓官舍,月夜闻邻居行吟之音清丽,迟明访之,乃昱也,即延为幕宾,待之甚厚。崔中丞亦在湖南③,爱之,有女国色,欲以妻昱,而不喜其姓戎,能改则订议。昱闻之,以诗谢云:“千金未必能移姓,一诺从来许杀身。”自谓李大夫恩私至深,无任感激。初事颜平原④,尝佐其征南幕,亦累荐之。卫伯玉镇荆南⑤,辟为从事。历虔州刺史⑥。至德中以罪谪为辰州刺史⑦。后客剑南,寄家陇西数载⑧。宪宗时⑨,边烽累急,大臣议和亲。上曰:“比闻一诗人姓名稍僻者为谁?”宰相对以冷朝阳、包子虚⑩,皆非。

帝举其诗，对曰："戎昱也。"上曰："尝记其《咏史》云：'汉家青史上，拙计是和亲[11]。社稷依明主，安危托妇人。岂能将玉貌，便拟净沙尘？地下千年骨，谁为辅佐臣！'"因笑曰："魏绛何其懦也！[12]此人如在，可与武陵[13]，桃花源足称其清咏[14]。"士林荣之。昱诗在盛唐格气稍劣，中间有绝似晚作。然风流绮丽，不亏政化，当时赏音，喧传翰苑，固不诬矣！有集，今传。

【注释】

① 湖、湘：指今湖北、湖南地区。② 李夔：应为李昌巙。此人代宗时为桂管观察使，治所在今广西桂林，因为这里本是秦时的桂林郡，所以说廉察桂林。③ 崔中丞：崔瓘，代宗时官湖南都团练观察使兼御史中丞。④ 颜平原：即颜真卿，曾任平原太守，后又任浙西节度使，所以说"征南幕"。⑤ 卫伯玉：代宗时曾官荆南节度使。⑥ 虔州：治所在今江西赣州。⑦ 辰州：治所在今湖南沅陵。⑧ 陇西：治所在今甘肃陇西。⑨ 宪宗：唐宪宗李纯，806—820年在位。⑩ 冷朝阳：大历四年进士，诗人，本书有传。包子虚：事迹不详。⑪ 和亲：汉族君主将宗室之女或宫女嫁与少数民族首领，以期和平相处，叫和亲。如王昭君就是西汉时嫁匈奴单于和亲的宫女。⑫ 魏绛：春秋时晋国的大臣，主张与戎讲和，见《左传・襄公四年》。⑬ 可与武陵：武陵即朗州，唐天宝时一度改朗州为武陵郡，治所在今湖南常德，可与武陵即给他朗州刺史。⑭ 桃花源：陶渊明有《桃花源记》，所说的桃花源后人以为就在朗州境内。

【翻译】

戎昱,荆南人。风度很美好,能言谈。年轻时考进士没有考上。便放纵游名都。虽是个穷文人,但气宇轩昂从不消沮。喜欢湖、湘的山水,前来客居。当时李夔任桂管观察使,住在官舍,月夜听到邻居有人吟诗声音很清丽,等到天明后寻访,是戎昱,就请他为幕宾,待他很好。崔中丞当时也在湖南,很喜欢戎昱,自己有个女儿极漂亮,想许配给戎昱,但不喜欢他姓戎,说如果能改姓就可定下这亲事。戎昱听了,写诗辞谢道:“千金未必能移姓,一诺从来许杀身。”自己觉得李大夫对他恩情很深,极其感激。原先他跟随颜平原,曾在浙西幕府中任职,颜也多次推荐他。卫伯玉镇守荆南,召他做从事。他历任虔州刺史,至德年间因罪贬为辰判刺史。后来客居剑南,把家安在陇西有好几年。宪宗时,边防多次告急,大臣商议要和亲。皇上说:“近来听到一个诗人姓名有些冷僻的是谁?”宰相回答冷朝阳、包子虚,都不是。宪宗举出他的诗,宰相说:“是戎昱。”宪宗说:“曾记得他的《咏史》诗道:‘汉家青史上,拙计是和亲。社稷依明主,安危托妇人。岂能将玉貌,便拟净沙尘?地下千年骨,谁为辅佐臣!’”就笑着说:“魏绛何其懦弱啊!这个戎昱如果在的话,可以让他去任朗州刺史,那里的桃花源正够得上他清咏。”文士们都以有他为荣。他的诗在盛唐中格调气质稍差些,其中有很似晚唐的。只是既能风流绮丽,又不伤政教,为当时人所欣赏,在翰苑中流传,这都假不了啊!有集子至今流传。

张 志 和

张志和大约生于公元730年,卒于公元810年。《全唐诗》卷三〇八收他的诗,仅存九首。其诗流传较少,以《渔父歌》最为有名。

志和，字子同，婺州人，初名龟龄，诏改之。十六擢明经，尝以策干肃宗①，特见赏重，命待诏翰林。以亲丧辞去，不复仕。居江湖，性迈不束，自称“烟波钓徒”。撰《玄真子》二卷，又为号焉。兄鹤龄恐其遁世，为筑室越州东郭②，茅茨数椽，花竹掩映。尝豹席棕屩③，沿溪垂钓，每不投饵，志不在鱼也！观察使陈少游频往候问④。帝尝赐奴、婢各一人，志和配为夫妇，号渔童、樵青。与陆羽尝为颜平原食客。平原初来刺湖州⑤，志和造谒，颜请以舟敝，欲为更之，曰：“愿为浮家泛宅，往来苕、霅间足矣⑥。”善画山水，酒酣，或击鼓吹笛，舐笔辄就⑦，曲尽天真。自撰《渔歌》，便复画之。兴趣高远，人不能及。宪宗闻之，诏写真求

访，并其歌诗，不能致。

【注释】

① 干：求。② 越州：治所在今浙江绍兴。③ 豹席：豹皮做的座席。棕屩(juē)：棕做的草鞋。④ 陈少游：唐博州(今山东聊城)人，曾官浙东观察使。⑤ 湖州：治所在今浙江吴兴。⑥ 苕：指苕溪。霅(zhà)：指霅溪。都是湖州的水流。⑦ 舐(shì)：以舌舔物，书画家时有舔笔的习惯。

【翻译】

张志和，字子同，婺州人，原先叫龟龄，皇帝下诏给他改名志和。他十六岁中明经科，曾献策干求肃宗，特受赏识器重，叫他待诏翰林。因尊亲去世而辞去，不再出仕。住在江湖上，性情豪迈不受拘束，自称"烟波钓徒"。撰写《玄真子》二卷，又以此为号。他哥哥张鹤龄怕他隐遁避世，在越州东郭为他盖了房舍，几间茅屋，周围花竹掩映。曾经铺了豹皮席，穿上棕草鞋，在溪边钓鱼，常不放鱼饵，其目的并不在钓到鱼啊！观察使陈少游经常前去问候他。皇上曾经赐给他一奴一婢，他让这奴婢结为夫妇，起名叫渔童、樵青。他和陆羽曾是颜平原的食客。颜平原刚到湖州任刺史时，志和前来拜访，颜平原看他的船很破旧，要为他换新的，他说："我愿意以浮家泛宅，往来于苕、霅之间就满足了。"擅长画山水，酒酣，有时击鼓吹笛，舔笔就画，曲尽天趣。自撰《渔歌》，又把它绘成图。兴趣高远，为人们所不能及。宪宗听到了，下诏画他的像求访，还求访他的歌诗，没有能把他招去。

卷 四

卢 纶

卢纶大约生于公元 737 年，卒于公元 800 年。《全唐诗》卷二七六至二八〇收他的诗。他是大历十才子之一，诗风较为雄壮。

纶，字允言，河中人①。避天宝乱，来客鄱阳②。大历初，数举进士不入第。元载素赏重③，取其文进之，补阌乡尉④。累迁检校户部郎中、监察御史，称疾去。浑瑊镇河中⑤，就家礼起为元帅判官。初，舅韦渠牟得幸德宗⑥，因表其才，召见禁中，帝有所作，辄赓和⑦。至是，帝忽问渠牟："卢纶、李益何在？"对曰："纶从浑瑊在河中。"诏令驿召之，会卒。

纶与吉中孚、韩翃、耿湋、钱起、司空曙、苗发、崔峒、夏侯审、李端⑧，联藻文林⑨，银黄相望⑩，且同臭味，契分俱深，时号"大历十才子"。唐之文体，至此一变矣。纶所作特胜，不减盛时，如三河少年⑪，风流自赏。文宗雅爱其诗⑫，问宰相："纶没后，文章几何？亦有子否？”李德裕对：“纶四子，皆擢进士，仕在台阁[13]。”帝遣中使悉索其巾笥[14]，得诗五百首进之。有别业在终南山中。集十卷，今传。

【注释】

① 河中：府名。治所在今山西永济县蒲州镇。② 鄱阳：县名，今江西鄱阳。③ 元载：唐凤翔岐山（今陕西岐山）人，代宗时宰相。④ 阌（wén）乡：县名，在今河南灵宝西。⑤ 浑瑊（736—799）：德宗时大将，当时任河中尹、河中节度使，行营兵马副元帅，咸宁郡王。⑥ 韦渠牟（749—801）：唐京兆万年（今陕西西安）人。德宗时官秘书郎、右补阙、谏议大夫，终太常卿。⑦ 赓和：和诗。⑧ 吉中孚：唐鄱阳（今江西鄱阳）人，官户部侍郎，本书有传。韩翃（hóng）：本书有传，已入选。耿沣：唐河东（今山西永济）人，官右拾遗，本书有传。钱起：本书有传，已入选。司空曙：本书有传，已入选。苗发：唐潞州壶关（今山西壶关）人，官都官郎中，本书有传。崔峒：唐博陵（今河北蠡县南）人，官右补阙，本书有传。夏侯审：唐代宗时人，官侍御史，本书有传。李端：本书有传，已入选。⑨ 藻：辞藻、文章。⑩ 银黄：金银所铸的印，喻高官显爵。⑪ 三河少年：汉人称河东、河南、河内三郡为三河，是所谓天下之中，三河少年即指贵族子弟。⑫ 文宗：唐文宗李昂，827—840年在位。⑬ 台阁：指尚书省。⑭ 巾笥（sì）：指用巾包好藏之箱箧中。

【翻译】

卢纶，字允言，河中人。避天宝末年战乱，来鄱阳客居。大历初年，几次举进士科没有考中。元载一向赏识器重他，把他的文章进呈，授为阌乡尉。几次升任检校户部郎中、监察御史，称病辞官。浑瑊镇守河中，到他家礼聘他为元帅判官。起初，卢纶的舅父韦渠牟受德宗宠幸，就在德宗面前称赞卢纶的才华，德宗在宫中召见卢纶，德宗写了诗，卢纶就和作。这时，德宗忽然问韦渠牟："卢纶、李益现在哪里？"回答说："卢纶跟随浑瑊在河中。"德宗下诏召卢纶乘驿来朝，不久卢纶逝世。

卢纶和吉中孚、韩翃、耿湋、钱起、司空曙、苗发、崔峒、夏侯审、李端，联藻于文林，佩金银印相望，并且气味相同，交情深厚，当时号称"大历十才子"。唐代文体，到这时一变。卢纶所作尤其好，不减于盛唐，有如三河少年，风流自赏。文宗很喜爱他的诗，问宰相："卢纶死后，留下多少诗文？有儿子吗？"李德裕回答："卢纶有四个儿子，都中了进士，在尚书省任职。"文宗派宦官到卢家翻找巾笥，得到诗五百首进呈。卢纶有别墅在终南山里。有集子十卷，流传到现在。

韩 翃

韩翃生卒年不详。《全唐诗》卷二四三至二四五收有他的诗。他是大历十才子之一，诗大多为酬唱应制之作。

翃字君平，南阳人①。天宝十三载杨纮榜进士。侯希逸素重其才②，至是表佐淄青幕府。罢，闲居十年。及李勉在宣武③，复辟之。德宗时，制诰阙人，中书两进除目④，御笔不点。再请之，批曰："与韩翃。"时有同姓名者，为江淮刺史⑤，宰相请孰与，上复批曰："'春城无处不飞花'韩翃也⑥。"俄以驾部郎中知制诰⑦。终中书舍人⑧。翃工诗，兴致繁富，如芙蓉山水，一篇一咏，朝士珍之。比讽深于文房⑨，筋节成于茂政⑩，当时盛称焉。有诗集五卷，行于世。

【注释】

① 南阳：县名，今河南南阳。② 侯希逸：唐营州（今辽

宁朝阳)人,肃宗时任淄青节度使,治所在今山东益都。③ 李勉:大历年间任永平军节度使,汴州刺史,兼充汴宋节度使。宣武:汴宋节度使亦称宣武军节度使。④ 除目:除是拜官授职,除目即任命名单。⑤ 江淮:江淮地区,长江、淮河地区。⑥ 韩翃曾作《寒食》诗:"春城无处不飞花,寒食东风御柳斜。日暮汉宫传蜡烛,轻烟散入五侯家。"所以德宗这么说。⑦ 驾部郎中:尚书省兵部所属驾部司的长官。掌舆辇、车乘、传驿、厩牧马牛杂畜等。⑧ 中书舍人:中书省属官,掌侍奉进奏,参议表章,在唐代是重要官职。⑨ 文房:刘长卿的字。⑩ 茂政:皇甫冉的字。

【翻译】

韩翃,字君平,南阳人。天宝十三年杨纮榜进士。侯希逸一向看重他的才华,这时上表请他到淄青节度使幕府任职。罢职后,闲住十年。到李勉任宣武军节度使,又请他在幕府任职。德宗时,知制诰一职缺人,中书省两次上报除授名单,御笔都不点。再请示,批道:"给韩翃。"当时有个与韩翃同姓名的,在江淮地区做刺史,宰相问任命哪一个,德宗又批道:"'春城无处不飞花'的韩翃。"不久就以驾部郎中知制诰。做到中书舍人后去世。韩翃诗写得好,兴致繁富,像芙蓉出水,一篇一咏,都被朝士珍视。比讽深于刘长卿,筋节成于皇甫冉,当时人极为称赏。有诗集五卷,在世上流行。

钱　起

钱起大约生于公元 722 年，卒于公元 780 年。《全唐诗》卷二三六至二三九收他的诗。他在大历十才子中年辈较早，诗风略似王维。

起，字仲文，吴兴人①。天宝十年李巨卿榜及第，少聪敏，承乡曲之誉②，初从计吏至京口客舍③，月夜闲步，闻户外有行吟声哦曰："曲终人不见，江上数峰青。"凡再三往来，起遽从之，无所见矣④，尝怪异之。及就试粉闱⑤，诗题乃《湘灵鼓瑟》，起辍就，即以鬼谣十字为落句。主文李晖深嘉美⑥，击节吟咏久之，曰："是必有神助之耳。"遂擢置高第，释褐⑦，授校书郎。尝采箭竹，奉使入蜀，除考功郎中⑧。大历中，为太清宫使、翰林学士⑨。起诗体制新奇，理致清赡，芟宋、齐之浮游⑩，剥梁、陈之嫚靡⑪，迥然独立也⑫。王右丞许以高格，与郎士元齐名。士林语曰："前有沈、宋⑬，后有钱、郎。"集十卷，今传。子徽、孙珝并能诗[14]，外甥怀素善书，一门之中，艺名森出，可尚矣。

【注释】

① 吴兴：今浙江吴兴。② 乡曲：乡里。③ 计吏：上计吏，进京报告地方情况的官员。京口：今江苏镇江。④ 这当然是编造的鬼话。⑤ 粉闱：也叫粉署，汉代尚书省用胡粉涂壁，所以用粉闱、粉署来称尚书省，进士科考试在尚书省。⑥ 李暐：天宝年间官户部侍郎，朔方节度留后。⑦ 释褐：脱去褐衣而换上官服，即做官。⑧ 考功郎中：尚书省礼部所属考功司的长官，掌官吏的考课、黜陟等。⑨ 太清宫使：西京长安祭祀老子的玄元庙称为太清宫，太清宫使就是管理太清宫的官员。一般由宰相等高级官员充任。翰林学士：唐于内廷供奉翰林院以外别建学士院，选任有文学的朝臣充翰林学士，作为皇帝的顾问及秘书官，是极显要的职务。⑩ 浮游：虚浮。⑪ 嫚靡：靡曼，柔弱浮华。⑫ 迥（jiǒng）：形容差别很大。⑬ 沈、宋：沈佺期、宋之问。⑭ 珝：音 xǔ。

【翻译】

钱起，字仲文，吴兴人。天宝十年李巨卿榜进士及第。年少时就聪敏，被乡里称誉。起初跟随上计吏住在京口旅店。月夜散步，听到户外有行吟的声音道："曲终不见人，江上数峰青。"再三往来，钱起急忙跟着声音找，却什么也没看见，曾认为有怪异。到尚书省考试，试题是《湘灵鼓瑟》，钱起写就，就用那夜鬼吟的十个字作为最后一句。主考官李暐很赞美，打着节拍吟诵了好久，说："这一定有神助。"就让钱起以高名次中式,释褐,任校书郎。曾为了采集箭竹,奉使入蜀,除授考功郎中。大历年间,任太清宫使、翰林学士。钱起的诗体制新奇,理致又清赡,芟除宋、齐的虚浮,剥去梁、陈的靡曼,而迥然独立。王维认为他的诗可称高格,和郎士元齐名。文士们说:"前有沈、宋,后有钱、郎。"集子十卷,至今流传。儿子钱徽、孙儿钱珝都能写诗,外甥怀素擅长书法,一门之中,艺名辈出,真值得尊崇啊。

司空曙

司空曙大约生于公元720年，卒于公元790年。《全唐诗》卷二九二、二九三收他的诗。他是大历十才子之一，诗篇大多是酬赠之作。

曙，字文初，广平人也[①]。磊落有奇才。韦皋节度剑南[②]，辟致幕府。授洛阳主簿[③]，未几，迁长林县丞[④]，累官左拾遗，终水部郎中[⑤]。与李约员外至交[⑥]。性耿介，不干权要。家无甑石[⑦]，晏如也[⑧]。尝病中不给，遣其爱姬。亦自流寓长沙[⑨]。迁谪江右[⑩]，多结契双林[⑪]，暗伤流景[⑫]。……有诗集二卷，今传。

【注释】

①广平：县名，在今北京市城西。②韦皋（745—805）：唐京兆万年（今陕西西安）人，任剑南西川节度使。③主簿：州府的佐吏，掌文书等。④长林：县名，在今湖北

荆门西北。⑤ 水部郎中：尚书省工部所属水部司的长官。⑥ 李约：唐德宗时官兵部员外郎。⑦ 甔(dān)石：也作“儋石”，甔是口小腹大的坛子，可容一石。甔石即一石。⑧ 晏如：平静，无所谓。⑨ 长沙：县名，今湖南长沙。⑩ 江右：指长江下游以西的地区。⑪ 双林：释迦牟尼在两株娑罗树间逝世，所以“双林”一词也就成为佛教、佛寺的代称。⑫ 流景：流光，易逝的时光。

【翻译】

司空曙，字文初，广平人。胸怀磊落有奇才。韦皋做剑南西川节度使，请他到幕府任职。后被任为洛阳主簿，不久，调为长林县丞，连续升到左拾遗，最后任水部郎中去世。和员外郎李约有深厚的交谊。司空曙性情正直，不去干求有权势者。家中没有一石粮食，也无所谓。曾在病中断了钱粮，就把爱姬打发走了。也曾流寓长沙，迁谪江右，多往来佛寺，暗伤时光流逝。……有诗集二卷，如今仍流传。

李　端

李端大约生于开元年间。《全唐诗》卷二八四至二八六收他的诗。他是大历十才子之一，诗多抒发寂寞清冷的情怀。

端，赵州人[①]，嘉祐之侄也[②]。少时居庐山[③]，依皎然读书[④]。意况清虚，酷慕禅侣。大历五年李搏榜进士及第，授秘书省校书郎。以清羸多病，辞官，居终南山草堂寺。未几，起为杭州司马[⑤]。牒诉敲扑[⑥]，心甚厌之，买田园在虎丘下[⑦]。为耽深癖，泉石少幽，移家来隐衡山[⑧]，自号"衡岳幽人"。弹琴读《易》，登高望远，神意泊然。初无宦情[⑨]，怀箕颍之志[⑩]，尝曰："余少尚神仙，且未能去。友人畅当以禅门见导[⑪]，余心知必是，未得其门。"诗更高雅，于才子中名响铮铮。与处士京兆柳中庸、大理评事江东张芬友善唱酬[⑫]。初来长安，诗名大振，时令公子郭暧尚升平公主[⑬]，贤明有才，延纳俊士，端等皆在馆中。暧尝进官大宴，酒酣，

主属端赋诗，顷刻而就。……主厚赐金帛，终身以荣，其工捷类此。集三卷，今传于世。

【注释】

① 赵州：治所在今河北赵县。② 嘉祐：李嘉祐，唐代宗时任袁州刺史，本书有传。③ 庐山：在今江西九江的名山。④ 皎然：本书有传，已入选。⑤ 杭州：治所在今浙江杭州。司马：州刺史的主要辅佐官。⑥ 牒诉：牒指文书，牒诉即诉讼。敲扑：鞭打犯人。⑦ 虎丘：在吴县（今江苏苏州）的小山丘，古迹极多。⑧ 衡山：南岳衡山，在今湖南衡山县西。⑨ 宦情：做官的愿望。⑩ 箕颍：隐士许由曾“遁而耕于中岳颍水之阳，箕山之下”。后以箕颍指隐居。⑪ 畅当：大历七年进士，本书有传。禅门：指佛教禅宗。⑫ 柳中庸：柳宗元同族，与弟中行皆有文名。大理寺评事：大理寺属官。江东：江左，地理上习惯用语，指今芜湖、南京以下长江南岸地区。张芬：德宗时任兵部郎中，在韦皋幕府。⑬ 令公：郭子仪，为中书令，称令公。郭暧：郭子仪第六子。升平公主：唐代宗之女。

【翻译】

李端，赵州人，李嘉祐的侄子。小时候住在庐山，在皎然那里读书。意趣清虚，非常爱慕僧侣。大历五年李抟榜进士及第，任秘书省校书郎。因清瘦多病，辞去官职，居住在终南山草堂寺。不久，又被起用任杭州司马。对诉讼刑罚，极为厌恶，就在虎丘下买了田园。又因为要求深僻，而虎丘泉石不够幽静，移家到衡山隐居，自号“衡岳幽人”。

弹琴读《易》，登高望远，神情淡泊。他本无宦情，心怀隐居的想法，曾说：“我小时崇尚神仙，但没能去修炼。友人畅当用禅学开导我，我知道很对，而未得其门。”他的诗更高妙典雅，在才子中铮铮有声名。他和京兆处士柳中庸、大理评事江东张芬友好，唱和。刚来长安，诗名大振，当时郭令公的儿子郭暧娶升平公主，公主贤明有才，招纳有才之士，李端等人都在她门馆中。郭暧曾升官，大办宴会，酒酣，公主让李端作诗，很快就写成，……公主厚赐李端金帛，终身引以为荣，他工妙敏捷就如此。集子三卷，至今流传于世。

窦叔向

窦叔向，生卒年均不详。《全唐诗》卷二七一收他的诗，仅九首，但颇有韵味，以“夜合花开香满庭”七律最为有名。

叔向，字遗直，扶风平陵人也①。有卓绝之行，登第于大历初，远振佳名，为文物冠冕。诗法谨严，又非常格。一流才子，多仰飚尘②。少与常衮同灯火③，及衮相，引擢左拾遗、内供奉。及坐贬，亦出为溧水令④。卒赠工部尚书。五子常、牟、群、庠、巩⑤，俱能诗，咄咄有跨灶之誉⑥，当时羡之。文志载《叔向集》七卷，今存诗甚寡，盖零落之矣。

【注释】

① 扶风：唐凤翔府天宝时曾改为扶风郡，治所在今陕西凤翔。平陵：是汉代旧县名，在今陕西咸阳西北，是窦叔向居住之地。② 多仰飚(biāo)尘：飚同“飙”，疾风、暴风。

多仰飚尘，指对他车过后的尘土都景仰，是极其仰慕的意思。③ 常衮(729—783)：唐京兆人，代宗时官门下侍郎、同平章事。同灯火：一起学习。④ 溧水：县名，今江苏溧水。⑤ 五子常、牟、群、庠、巩：本书有传。⑥ 跨灶：比喻儿子胜过父亲。

【翻译】

窦叔向，字遗直，扶风平陵人。品行卓绝出众，大历初年科举及第，美名传扬，是人物文章的冠冕。诗法谨严，又不是一般格调。一流才子，多对他极其仰慕。少年时和常衮一起学习，到常衮做了宰相，引荐他做左拾遗、内供奉。到常衮被贬，叔向也受牵连，外任溧水县令。死后追赠工部尚书。有五个儿子，窦常、窦牟、窦群、窦庠、窦巩，都擅长作诗，声誉且超过父亲，很为当时人羡慕。《新唐书·艺文志》载《叔向集》七卷，现在存留的诗很少，大概都散落了。

李　益

李益生于公元748年，卒于公元829年。《全唐诗》卷二八二、二八三收他的诗。李益擅长于写边塞诗，以七绝著称。

益，字君虞，陇西姑臧人①。大历四年齐映榜进士②，调郑县尉③。同辈行稍进达，益久不升，郁郁去游燕赵间④，幽州节度刘济辟为从事⑤。未几，又佐邠宁幕府⑥。风流有辞藻，与宗人贺相埒⑦，每一篇就，乐工赂求之，被于雅乐，供奉天子，如《征人早行篇》，天下皆施绘画。二十三受策秩，从军十年，运筹决胜，尤其所长。往往鞍马间为文，横槊赋诗⑧，故多抑扬激厉悲离之作，高适、岑参之流也。宪宗雅闻其名，召为秘书少监、集贤殿学士。自负其才，凌轹士众⑨，有不能堪，谏官因暴其诗“不上望京楼”等句，以为涉怨望⑩，诏降职。俄复旧，除侍御史，迁礼部尚书致仕。太和初卒⑪。益少有僻疾，多猜忌，防闲妻妾，过为苛酷，有散灰扃户之谈[12]，时称为“妒痴尚书李十郎”。有同姓名者，为太子庶子，皆在朝，人恐莫辨，谓君虞为“文章李益”，庶子为“门户李益”云[13]。有集，今传。

【注释】

① 陇西：郡名，治所在今甘肃临洮南。姑臧：县名，今甘肃武威。② 齐映：唐高阳(今河北高阳东)人，贞元中官中书侍郎。③ 郑县：今陕西渭南华州。④ 燕赵：本是战国时的燕国、赵国，唐河北三镇正是当年燕、赵的一部分，所以唐人习惯称河北地区为燕赵。⑤ 幽州节度：幽州节度使，治所在今北京城西南。⑥ 邠(bīn)宁：邠宁节度使，治所在今陕西彬县。⑦ 宗人贺：指李贺，贺为唐宗室远支，故称宗人。⑧ 槊(shuò)：古代兵器，即长矛。⑨ 轹(lì)：车轮辗过，引申为欺凌。⑩ 怨望：怨恨责望，心怀不满。⑪ 太和：唐文宗年号，使用于公元827—835年间。⑫ 散灰扃(jiōng)户：扃是关锁，自己外出时把妻妾关锁在房子里，还撒上灰，以防她们和别的男子往来。⑬ 门户：高门大族的意思，陇西李氏本是晋南北朝的高门大族，这位官庶子无文章之名，只好称为“门户”了。

【翻译】

李益，字君虞，陇西姑臧人。大历四年齐映榜进士，调任郑县县尉。同辈的人都稍有晋升，李益却长时间没升，心情忧郁，出游燕、赵间，幽州节度使刘济请他做从事。不久，又去邠宁节度使幕府任职。李益风流有辞藻，和宗人李贺齐名，每写成一篇，乐工们竞相贿赂求取，谱上雅乐，来供奉天子，如《征人早行篇》，到处都把篇中所说绘成图画。二十三岁入仕，从军十年，谋划决胜，尤所擅长。常在鞍马之间写文章，横槊赋诗，因此多是激昂慷慨悲愤离别之作，是高适、岑参一流。宪宗一向知道他的大名，召他做秘书少监、集贤殿学士。他恃才自负，欺凌士人们，有使人不能忍受的，谏官就指出他的诗中“不上望京楼”等句，认为有怨望，诏叫降职。不久又恢复原职，除授侍御史，再升为礼部尚书后退休。太和初年去世。李益年轻时候就有古怪的毛病，好猜忌，防范妻妾，过于严酷，有撒灰扃户的说法，当时称之为“妒痴尚书李十郎”。有个同姓名的人，是太子庶子，都在朝，人们怕分辨不清，就把君虞称为“文章李益”，把庶子称为“门户李益”。有集子，现在流传着。

王　建

王建大约生于766年，卒于公元830年。《全唐诗》卷二九七至三〇二收他的诗。他以写新乐府著称，平易通俗而格调明快，还有宫词一百首也为人传诵。

建，字仲初，颍川人。大历十年丁泽榜第二人及第。释褐，授渭南尉，调昭应县丞[①]。诸司历荐，迁太府寺丞[②]、秘书丞、侍御史。太和中出为陕州司马[③]，从军塞上，弓剑不离身。数年后归，卜居咸阳原上。初游韩吏部门墙[④]，为忘年之友，与张籍契厚，唱答尤多。工为乐府歌行，格幽思远。二公之体，同变时流。建性耽酒，放浪无拘。宫词特妙前古[⑤]。建初与枢密使王守澄有宗人之分[⑥]，守澄以弟呼之，谈间故多知禁掖事[⑦]，作宫词百篇。后因过燕饮，以相讥谑，守澄深衔之，忽曰："吾弟所作宫词，内庭深邃[⑧]，何由知之？明当奏上。"建作诗以谢，末句云："不是姓同亲说向，九重争得外人知？”守澄恐累己，事遂寝[⑨]。建才赡，有作皆工，盖尝跋涉畏途，甘分穷苦。其《自伤》诗云：“衰门海内几多人，满眼公卿总不亲。四授官资元七品，再经婚娶尚单身。图书亦为频移尽，兄弟还因数散贫。独自在家常似客，黄昏哭向野田春。”又于征戍迁谪、行族离别、幽居宫况之作，俱能感动神思，道人所不能道也。集十卷，今传于世。

【注释】

① 昭应：县名，今陕西临潼。② 太府寺丞：太府寺的副长官，掌财货交易，度量器物，辨真伪轻重。③ 陕州：治所在今河南陕县。④ 韩吏部：即韩愈，官吏部侍郎，故称韩吏部。⑤ 宫词：以帝王宫中日常琐事为题材，或写宫女的抑郁愁怨，一般为七言绝句。⑥ 王守澄：唐穆宗、敬宗、文宗三朝掌权的宦官。枢密使：唐宦官担任的重要职务，掌承受表奏，等于皇帝的机要秘书。⑦ 禁掖：即宫禁，皇帝所居之处。⑧ 邃（suì）：深处。⑨ 寝：作罢，停止进行。

【翻译】

王建，字仲初，颍川人。大历十年丁泽榜第二名及第。释褐，授渭南县尉，调任昭应县丞。诸司多次推荐，升为太府寺丞、秘书丞、侍御史。太和年间外任做陕州司马。以后到边塞从军，弓剑不离身。几年后回来，在咸阳原上择地定居。王建起初游韩吏部门墙，成为忘年之交，又和张籍深交，唱和更多。长于乐府歌行，格调幽而思路远。王建、张籍二人的风格与当时大不相同。王建性最爱酒，放浪无拘束。宫词写得比古人还好。王建与枢密使王守澄是同宗,守澄称他为弟,交谈中使他知道了许多宫禁里的事情,写了宫词一百首。后两人因喝酒过量,互相讥谑,守澄很怀恨,忽然说:“我弟写了宫词,可内庭深远,你从何得知?明天该奏上。”王建作诗道歉,末句说:“不是姓同亲说向,九重争得外人知?”守澄怕连累自己,就此作罢。王建富于才,只要写出诗来都很工妙,这大概是他跋涉畏途,甘分穷苦的缘故。他有《自伤》诗道:“衰门海内几多人,满眼公卿总不亲。四授官资元七品,再经婚娶尚单身。图书亦为频移尽,兄弟还因数散贫。独自在家常似客,黄昏哭向野田春。”又于征戍迁谪、行旅离别、幽居官况等诗作,都能使人感动神思,说出别人想说而说不出的东西。集子十卷,如今流传于世。

韦 应 物

韦应物大约生于公元 737 年,卒于公元 791 年。《全唐诗》一八六至一九五收他的诗。他的田园诗能流露出对农民的关怀,生活气息较浓。山水诗则过于孤寂。

应物,京兆人也,尚侠。初,以三卫郎事玄宗①。及崩,始悔,折节读书②。为性高洁,鲜食寡欲,所居必焚香扫地而坐,冥心象外。……永泰中,任洛阳丞,迁京兆府功曹。大历十四年,自鄠县令制除栎阳令③,以疾辞归,寓善福寺精舍。建中二年,由前资除比部员外郎④,出为滁州刺史⑤。居顷之,改江州刺史⑥。追赴阙,改左司郎中⑦。或媢其进⑧,媒糵之⑨。贞元初⑩,又出为苏州刺史。……罢居永定⑪,斋心屏除人事⑫。……有集十卷,今传于世。

【注释】

① 三卫郎：唐代左右卫的亲卫、勋卫、翊卫和左右卒府的亲、勋、翊卫，诸卫的翊卫，都叫三卫。三卫郎即三卫的卫士，都由权贵子弟之有武力者充当。② 折节：改变以前的志节行为。③ 鄠（hù）县：今陕西户县。④ 比部员外郎：尚书省刑部所属比部司的副长官，负责通会内外赋敛、经费、俸禄及军用物资、器械、和籴等事。⑤ 滁州：治所在今安徽滁县。⑥ 江州：治所在今江西九江。⑦ 左司郎中：尚书省属官，分左、右，为尚书丞的助手，分判本省六部诸司事务。⑧ 媢（mào）：嫉妒。⑨ 媒蘖：比喻挑拨是非，陷人于罪。⑩ 贞元：唐德宗年号，使用于公元 785—805 年间。⑪ 永定：永定寺，故址在今江苏苏州市郊。⑫ 斋心：清心寡欲。

【翻译】

韦应物，京兆人。崇尚侠义，开始做三卫郎侍奉玄宗。到玄宗死了，才后悔，折节读书。性情高洁，吃得少，且又没什么欲望，居住处一定要烧香扫地而坐，神游物外。……永泰年间，任洛阳丞，迁任京兆府功曹参军。大历十四年，从鄠县令被改任栎阳令，因病辞官回家，寓居善福寺僧舍。建中二年，按原先的资历除授比部员外郎，外任滁州刺史。过了不久，又改任江州刺史。召回京师，改任左司郎中。有人嫉妒他升迁，诬陷他。贞元初年，又外放为苏州刺史。……罢官后住在永定寺，清心寡欲，不问世事。……有集十卷，如今流传于世。

皎然上人

皎然生于公元 730 年，卒于公元 799 年。唐代诗僧，上人是对僧徒的尊称。《全唐诗》卷八一五至八二一收他的诗。他又著有《诗式》，所论较之他的创作成就似更高。

皎然，字清昼，吴兴人，俗姓谢，宋灵运之十世孙也。初入道，肄业杼山①，与灵彻、陆羽同居妙喜寺。羽于寺旁创亭，以癸丑岁癸卯朔癸亥日落成②，湖州刺史颜真卿名以“三癸”，皎然赋诗，时称“三绝”。真卿尝于郡斋集文士撰《韵海镜源》，预其论著，至是声价藉甚。贞元中，集贤御书院取高僧集，得上人文十卷藏之，刺史于頔为之序③。李端在匡岳④，依止称门生。一时名公，俱相友善，题云“昼上人”是也。时韦应物以古淡矫俗，公尝拟其格，得数解为贽，韦心疑之。明日又录旧制以见，始被领略，曰：“人各有长，盖自天分，子而为我，失故步矣，但以所诣自名可也⑤。”公心服之。往时住西林寺⑥，定余多暇⑦，因撰序作诗体式，兼评古今人诗，为《昼公诗式》五卷，及撰《诗评》三卷，皆议论精当，取舍从公，整顿狂澜，出色骚雅。公性放逸，不缚于常律。初，房太尉琯早岁隐终南峻壁之下，往往闻湫中龙吟⑧，声清而静，涤人邪想，时有僧潜戛三金以写之⑨，惟铜酷似。房公他日至山寺，闻林岭间有声，因命僧出其器，叹曰："此真龙吟也。"大历间，有秦僧传至桐江⑩。皎然戛铜碗效之，以警深寂。缁人有献讥者⑪，公曰："此达僧之事⑫，可以嬉禅⑬。尔曹胡凝滞于物，而以琐行自拘耶！"时人高之。公外学超然⑭，诗兴闲适，居第一流，第二流不过也。诗集十卷。

【注释】

① 杼山：在湖州乌程，今浙江吴兴。② 癸丑岁癸卯朔癸亥日：大历八年(773)十月癸卯朔二十一日癸亥。③ 于頔(? —818)：唐洛阳人，曾官湖州刺史。④ 匡岳：匡庐、庐山。⑤ 所诣(yì)：诣是前往，引申为学业的进境。所诣指自己的专长。⑥ 西林寺：在江西庐山，始建于晋，原为沙门竺昙的禅室。⑦ 定余：坐禅入定之余。⑧ 湫：水潭。龙吟：世界上并无龙这种生物，所谓龙吟当是一种水流声音。⑨ 戛(jiá)：敲击。⑩ 桐江：在浙江省中部。钱塘江自建县梅城至桐庐段的别称。⑪ 缁(zī)人：指僧人。缁，黑色。因僧人穿缁衣，故作代称。⑫ 达僧：通达的僧人。⑬ 嬉禅：嬉乐于静思息虑之中。⑭ 外学：佛教徒把佛学以外的诗文、经、子等都称外学。

【翻译】

皎然，字清昼，吴兴人，俗姓谢，是南朝宋时谢灵运的第十世孙。初出家，在杼山修行学习，和灵彻、陆羽同住在妙喜寺。陆羽在寺旁边建造一座亭子，因在癸丑岁癸卯朔癸亥日落成，湖州刺史颜真卿给亭命名为“三癸”，皎然作诗，当时称为“三绝”。颜真卿曾在官邸召集文人编撰《韵海镜源》，皎然参与撰写，这时名声更高。贞元年间，集贤御书院征集高僧的集子，取得皎然的诗文十卷收藏，刺史于頔给它作序。李端在匡岳时，跟随他称门生。一时的名公，都和他友好，称为“昼上人”的就指他。当时韦应物以古雅淡泊之诗矫正习俗，皎然曾仿照韦的风格，作了几首送上去，韦心里怀疑。第二天皎然又抄了几首旧作去求见，韦应物这才欣赏，说：“人各有所长，当来自天分，你模仿我，就失去了你原来的风格，只要凭自己的专长以名家就行了。”皎然心里很佩服。前此皎然住在西林寺，坐禅入定之余还有很多时间，就撰述作诗的体式，并评论古今人诗作，成《昼公诗式》五卷，并撰写《诗评》三卷，都议论精当，取舍公平，整顿狂澜，而使骚、雅生色。皎然性情放逸，不被常规束缚。当初，太尉房琯早年隐居终南山绝壁之下，常常听到湫中有龙吟，声音清且静，可洗涤人们的邪念。当时有僧人偷偷地敲击三种金属来模仿，只有铜的声音非常像。房公后来去到山寺，听林岭间有声响，就让僧人拿出这器具，叹道：“这真是龙吟啊。”大历年间，有秦地的僧人把这种铜器带到桐江，皎然敲击铜碗仿效，来警深寂。僧人有说闲话的，皎然说：“这是达僧所做的事，可以嬉禅。你们怎么凝滞于外物，而被细小的事情所拘束啊！”当时人称他真是高僧。皎然外学很有水平，诗兴闲适，居于第一流，第二流以下无从相比。有诗集十卷。

卷五

卢　仝

卢仝大约生于公元 768 年,卒于公元 835 年。《全唐诗》卷三八七至三八九收他的诗。他的诗构思、用辞都很怪异,颇具特色。

仝，范阳人。初隐少室山，号玉川子。家甚贫，惟图书堆积。后卜居洛城[①]，破屋数间而已。一奴长须不裹头，一婢赤脚老无齿。终日苦哦，邻僧送米。朝廷知其清介之节，凡两备礼征为谏议大夫，不起。时韩愈为河南令，爱其操，敬待之。尝为恶少所恐，诉于愈，方为申理，仝复虑盗憎主人[②]，愿罢之，愈益服其度量。元和间月蚀，仝赋诗，意切当时逆党[③]，愈极称工，余人稍恨之[④]。时王涯秉政[⑤]，胥怨于人。及祸起，仝偶与诸客会食涯书馆中，因留宿，吏卒掩捕[⑥]，仝曰："我卢山人也，于众无怨，何罪之有？"吏曰："既云山人，来宰相宅容非罪乎？"苍忙不能自理，竟同甘露之祸[⑦]。……仝性高古介僻，所见不凡近。唐诗体无遗，

而仝之所作特异，自成一家，语常奇谲[8]，读者难解，识者易知。后来仿效比拟，遂为一格宗师。有集一卷，今传。

【注释】

① 洛城：即洛阳。② 盗憎主人：这话出在《左传》成公十五年上，意思是盗贼抢了偷了人家，还憎恨人家的主人，因为主人要设法捕获他们。③ 逆党：元和逆党，杀害唐宪宗的王守澄等宦官。④ 稍：颇、很。⑤ 王涯（约 746—835）：字广津，太原（今山西）人，宰相，死于甘露之变。⑥ 掩：乘人不备而进袭逮捕。⑦ 甘露之祸：唐文宗时，大和九年宰相李训、凤翔节度使郑注等密谋铲除宦官，以左金吾卫石榴树上夜有甘露为名，诱仇士良等往视，谋加诛杀，未成。李训、王涯、贾悚、舒元舆等四宰相及郑注等均被仇士良等所杀，株连千余人。卢仝时在王宅，也被害。⑧ 谲（jué）：怪异。

【翻译】

卢仝，范阳人。早年隐居在少室山，号玉川子。家里极为贫困，只有图书多得堆积着。后来居住洛阳城里，只有几间破屋而已。一个奴，长胡须不裹头，一个婢，光着脚，年老没牙。卢仝整天苦吟，靠隔壁僧人送米。朝廷知道他操守清介，两次备礼去征召他做谏议大夫，他都没有应召。当时韩愈做河南县令，很喜欢他的节操，对他很尊敬。他曾受到恶少恐吓，向韩愈控诉，韩愈正给他处理，他又考虑盗憎主人，愿作罢，韩愈更加佩服他的度量。元和年间月蚀，卢仝赋诗，用意指斥当时的逆党。韩愈非常赞赏写得好，可别人却十分恨他。当时王涯执政，结怨于人。等到祸事发生，卢仝偶然和一些客人在王涯书馆中会餐，就便留宿，吏卒掩捕，卢仝说："我是卢山人，和大家并无怨仇，有什么罪？"吏人说："既是山人，到宰相宅还不是罪吗？"匆忙之间不能自明，竟同遭甘露之祸。……卢仝性情高古介僻，见识不同凡近。到唐代诗体发展已很完备，而卢仝所作特异，自成一家，语言崇尚奇谲，读者很难理解，有识者才易懂得。后人仿效比拟，他就成为一种风格的宗师。有集一卷，至今流传。

李　贺

李贺生于公元790年,卒于公元816年。《全唐诗》三九〇至三九四收他的诗。他的诗想象奇特,色彩浓重,别具特色。

贺,字长吉,郑王之孙也①。七岁能辞章,名动京邑。韩愈、皇甫湜览其作②,奇之而未信,曰:“若是古人,吾曹或不知;是今人,岂有不识之理?”遂相过其家,使赋诗,贺总角荷衣而出③,欣然承命,旁若无人,援笔题曰:《高轩过》。二公大惊,以所乘马命联镳而还④,亲为束发。贺父名晋肃,不得举进士,公为著《讳辩》一篇⑤。后官至太常寺奉礼郎⑥。贺为人纤瘦,通眉,长指爪,能疾书。旦日出骑弱马⑦,从平头小奴子⑧,背古锦囊,遇有所得,书置囊里。凡诗不先命题。及暮归,太夫人使婢探囊中,见书多,即怒曰:“是儿要呕出心乃已耳!”上灯,与食,即从婢取书,研墨叠纸足成之,非大醉吊丧率如此。贺诗稍尚奇诡,组织花草，片片成文，所得皆惊迈，绝去翰墨畦径[9]，时无能效者。乐府诸诗，云韶众工[10]，谐于律吕[11]。尝叹曰："我年二十不得意，一生愁心，谢如梧叶矣。"忽疾笃，恍惚昼见人绯衣驾赤虬腾下[12]，持一板，书若大古雷文[13]，曰："上帝新作白玉楼成，立召君作记也。"贺叩头辞，谓母老病，其人曰："天上比人间差乐[14]，不苦也！"居顷之，窗中勃勃烟气，闻车声甚速，遂绝[15]，死时才二十七，莫不怜之。李藩缀集其歌诗[16]，因托贺表兄访所遗失并加点窜[17]，付以成本，弥年绝迹[18]。及诘之，曰："每恨其傲忽，其文已焚之矣。"今存十之四五。杜牧为序者五卷，今传。

【注释】

① 郑王：唐太祖李虎第八子郑王李亮。② 皇甫湜：(约777—约835)：字持正，韩愈门下的古文作家。③ 总角：儿童发髻向上分开的样子。荷衣：隐士所服之衣。④ 联镳(biāo)：镳是马具，与衔合用，衔在口内，镳在口外，联镳，就是并马前进。⑤ 李贺父亲名晋肃，"进士"的"进"与"晋肃"的"晋"音近，故有称李贺不应举进士。韩愈曾作《讳辩》一篇。⑥ 太常寺：掌礼乐、郊庙、社稷等事务的官署。奉礼郎：太常寺属官。⑦ 旦日：白天。⑧ 平头：光头。⑨ 畦径：田间小路，比喻常规，多指学艺方面。⑩ 云韶众工：唐太常寺音乐中有《云韶乐》，这里的云韶众工，泛指太常寺的乐工。⑪ 谐(xié)：调和。律吕：乐律的统称。⑫ 虬(qiú)：我国神话中的一种龙。⑬ 大古雷文：大古即太古，雷文指先秦青铜器上的那种文字。⑭ 差：尚，略。⑮ 以

上可能是李贺死前的幻觉,再加上编造的神话。⑯ 李藩:唐赵州(今河北赵县)人,宪宗时官门下侍郎同平章事。⑰ 点窜:点,删去。窜,改易,这里指整理。⑱ 弥年:经年。

【翻译】

李贺,字长吉,是郑王的孙子。七岁能辞章,名动京城。韩愈、皇甫湜看过他的作品,感到惊奇,但不太相信,说:"如果是古人,我们也许不知道;是今人,哪有不认识的道理?"就一起到他家,让他写诗,李贺总角荷衣走了出来,高兴地应命,旁若无人,提笔写了《高轩过》。二公大为吃惊,用自己所骑的马让他骑上联镳而回,亲自为他束发。李贺的父亲名晋肃,李贺不能考进士,韩愈为他写了一篇《讳辩》。后来他做到太常寺奉礼郎。他身材纤瘦,两眉相连,手爪很长,写字很快。白天出门骑着匹弱马,跟着个光头小奴,背着古锦囊,每有所得,就写下来放在囊里。他写诗从不先命题。等到天晚回家,他的母亲让婢女摸摸囊里,看到写得多了,就发怒道:"这个孩子要把心呕出来才罢休啊!"点上灯,吃过饭,就从婢女那里取来所写的,磨墨叠纸把它足成。不是喝醉了酒或有吊丧外都是如此。李贺的诗稍尚奇诡,组织花草,片片成文,所写成的都够惊迈,摆脱了笔墨常规,当时没有人能仿效。写的乐府诗,常被云韶乐工,调和入乐律。李贺曾感叹说:"我二十岁了还不得志,一生怨心,像梧桐叶一样凋谢了。"突然病重,白天恍惚看见一个人身着绯衣骑赤虬腾空而下,手拿一块版,上面文字像太古雷文,说:"上帝新建成白玉楼,召君立即去作记。"李贺叩头辞谢,说家有母亲年迈多病,这人说:

"天上比人间还要快乐些,不苦啊!"过了一会,窗中勃勃冒烟气,听到车声很快,就气绝了,死时才二十七岁,没有人不哀怜他。李藩搜集了他的诗歌,托他的表兄寻访所遗失的并加整理,把搜集的本子交给了他表兄,经年不见回报。到诘问他表兄,回答说:"我常恨他傲慢,他的稿子已被我烧毁了。"现仅存十之四五。杜牧给作序的有五卷,至今流传。

贾　岛

贾岛生于公元 779 年，卒于公元 843 年。《全唐诗》卷五七一至五七四收他的诗。贾岛和孟郊以“苦吟”著名，有“郊寒岛瘦”之说。

岛，字阆仙，范阳人也①。初连败文场，囊箧空甚，遂为浮屠②，名无本。来东都，旋往京居青龙寺③。时禁僧午后不得出，为诗自伤。元和中，元、白变尚轻浅④，岛独按格入僻，以矫浮艳。为冥搜之际，前有王公贵人，皆不觉，游心万仞⑤，虑入无穷。自称“碣石山人”。尝叹曰：“知余素心者，惟终南紫阁、白阁诸峰隐者耳⑥。”嵩丘有草庐，欲归未得，逗留长安，虽行坐寝食，苦吟不辍。尝跨蹇驴⑦，张盖⑧，横截天衢⑨，时秋风正厉，黄叶可扫，遂吟曰：“落叶满长安。”方思属联，杳不可得⑩，忽以“秋风吹渭水”为对，喜不自胜，因唐突大京兆刘栖楚⑪，被系一夕，旦释之。后复乘闲策蹇访李馀幽居⑫，得句云：“鸟宿池中树，僧推月下门。”又欲作“僧敲”，炼之未定，吟哦引手作推敲之势，傍观亦讶。时韩退之尹京兆，车骑方出，不觉冲至第三节[13]，左右拥到马前，岛具实对，未定推敲，神游象外，不知回避。韩驻久之，曰：“敲字佳。”遂并辔归[14]，共论诗道，结为布衣交。遂授以文法，去浮屠，举进士。愈赠诗云：“孟郊死葬北邙山[15]，日月风云顿觉闲。天恐文章浑断绝，再生贾岛在人间。”自此名著。时新及第，寓居法乾无可精舍，姚合、王建、张籍、雍陶[16]，皆琴樽之好。一日，宣宗微行至寺[17]，闻钟楼上有吟声，遂登，于岛案上取卷览之，岛不识，因作色攘臂[18]，睨而夺取之曰[19]：“郎君鲜醲自足[20]，何会此耶？”帝下楼去。既而觉之，大恐，伏阙待罪，上讶之。他日，有中旨，令与一清官谪去者，乃授遂州长江主簿[21]，后稍迁普州司仓[22]。临死之日，家无一钱，惟病驴、古琴而已。当时谁不爱其才，而惜其命薄。岛貌清意雅，谈玄抱佛，所交悉尘外之人。况味萧条，生计岨峿[23]。自题曰：“二句三年得，一吟双泪流。知音如不赏，归卧故山秋。”每至除夕，必取一岁所作置几上，焚香再拜，酹酒祝曰[24]：“此吾终年苦心也。”痛饮长谣而罢。今集十卷并《诗格》一卷，传于世。

【注释】

① 范阳：郡名，治所在今北京西南。② 浮屠：僧人。③ 青龙寺：唐佛寺，遗址在今陕西西安东南郊。④ 元、白：元稹、白居易。⑤ 仞：周制八尺为仞。⑥ 终南：终南山，在

今陕西西安南。有紫阁、白阁、黄阁等峰。⑦ 蹇驴：驽弱的驴子。⑧ 盖：遮阳障雨的用具。⑨ 天衢（qú）：长安城里的大路。⑩ 杳（yǎo）：不见踪影。⑪ 唐突：冒犯。刘栖楚（？—827）：官刑部侍郎、京兆尹、桂州观察使。⑫ 李馀：蜀人，工乐府，长庆三年进士。⑬ 节：指仪仗旌节。⑭ 并辔（pèi）：辔是牲口的缰绳，并辔是并骑前进。⑮ 北邙（máng）山：在洛阳城北，魏晋南北朝隋唐的墓葬区。⑯ 姚合、王建、张籍、雍陶：本书有传，均已入选。⑰ 宣宗：唐宣宗李忱，847—860 年在位。⑱ 攘臂：捋袖伸臂，振奋或发怒的样子。⑲ 睨（nì）：斜视。⑳ 鲜醲（nóng）：鲜指美食，醲指美酒。㉑ 遂州：治所在今四川遂宁。长江：县名，今四川蓬溪。㉒ 普州：治所在今四川安岳。司仓：司仓参军，仓曹参军，掌管仓贮。㉓ 岨峿（jǔ yǔ）：同“龃龉”，这里是艰难的意思。㉔ 酹（lèi）：洒酒于地表示祭奠。

【翻译】

贾岛，字阆仙，范阳人。起初考场多次失败，囊箧空乏，就做了和尚，法名无本。到东都洛阳，不久又往西京长安住在青龙寺。当时禁令僧人午后不能出寺院，贾岛写诗自伤。元和年间，元稹、白居易变诗风为轻浅，贾岛独自按格入僻，以矫正浮艳。当他构思冥搜的时候，即使前面有王公贵人，都看不到，而游心于万仞之上，思虑进入无穷之际。自称“碣石山人”。曾叹道：“知道我素心的，只有终南山紫阁、白阁诸峰的隐者。”嵩山有草庐，想回去没有走得成，逗留在长安，虽行坐寝食，都苦吟不停。曾骑着蹇驴，张着盖，横过天衢，当时秋风正紧，黄叶可扫，就吟道：“落叶满长安”，正在连成一联，可一点也想不出，忽然用“秋风吹渭水”为对，喜不自胜，冲犯了京兆尹刘栖楚，被关了一晚上，天明才被释放。后来又乘闲骑蹇驴拜访李馀的幽居，得句道：“鸟宿池中树，僧推月下门。”又想改作“僧敲”，锤炼没有决定，边吟边用手做出推和敲的动作，旁观的人也很惊讶。这时韩愈做京兆尹，车马正通过这里，贾岛不觉冲到第三节，左右把他拥到韩愈马前，贾岛如实回答，说是没考虑好用“推”还是用“敲”，想得出神，不知道回避。韩愈停马好一会，说：“敲字好。”就并骑回去，一起谈论诗道，结为布衣之交。韩愈给他传授了文法，让他还俗，考进士科。韩愈赠他诗道：“孟郊死葬北邙山，日月风云顿觉闲。天恐文章浑断绝，再生贾岛在人间。”贾岛从此知名。当时贾岛新及第，住在法乾无可精舍，姚合、王建、张籍、雍陶和他都以琴酒交好。一天，宣宗微行到寺，听到钟楼上有吟诗的声音，就登上去，从贾岛的案上拿了诗卷来看，贾岛不认识，就变脸攘臂，斜视着夺过来说道：“郎君鲜酡自有，懂得这一套吗？”宣宗下楼走开。后来察觉是皇上，大为恐惧，伏阙待罪，宣宗很讶怪。过些日子，有圣旨，叫给他一个清闲官职贬谪出去，就给他做遂州长江县主簿。后来稍为升迁到普州司仓。临死之日，家里没有一文钱，只有病驴、古琴而已。当时谁不喜爱他的才华，而怜惜他命薄。贾岛貌清而意雅，谈玄抱佛，所交往的都是世外之人。境况萧条、生计艰难。自己题诗道：“二句三年得，一吟双泪流。知音如不赏，归卧故山秋。”每到除夕，必定要取来一年所写的放在几上，烧着香祭拜，酹酒祝道：“这是我终年的苦心。”痛饮长歌而罢。今存集十卷和《诗格》一卷，流传于世。

韩　愈

韩愈生于公元 768 年，卒于公元 824 年。《全唐诗》卷三三六至三四五收他的诗。他的诗构思奇特，且多用散文句式，对宋诗很有影响。

愈，字退之，南阳人。早孤，依嫂读书，日记数千言，通百家。贞元八年擢第，凡三诣光范上书①，始得调。董晋表署宣武节度推官②。汴军乱③，去依张建封④，辟府推官。迁监察御史，上疏论宫市⑤，德宗怒，贬阳山令⑥，时有善政，改江陵法曹参军⑦。元和中，为国子博士，河南令⑧。愈才高难容，累下迁，乃作《进学解》以自谕，执政奇其才，转考功、知制诰，进中书舍人。裴度宣慰淮西⑨，奏为行军司马⑩，贼平，迁刑部侍郎。宪宗遣使迎佛骨入禁中，因上表极谏，帝大怒，欲杀，裴度、崔群力救⑪，乃贬潮州刺史⑫。到任后上表，陈情哀切，诏量移袁州刺史，召拜国子祭酒⑬，转兵部侍郎，京兆尹兼御史大夫。长庆四年卒[14]。……有诗赋杂文等四十卷，今行于世。

【注释】

① 三诣光范上书：指韩愈三次考博学宏辞科不中后，三次到光范门向宰相上书求官，但仍不得答复，并非“始得调”，光范门是通到宰相办公地中书省的大明宫西内苑东门。② 董晋：唐虞乡(今山西永济东)人，官同中书门下平章事、宣武节度副大使，宣武军节度使治所在河南开封。推官：唐节度使、观察使、团练使等的属官，掌勘问刑狱。③ 汴军：即宣武军，因为治所在当时的汴州州治，所以通称汴军。④ 张建封：唐南阳(今河南南阳)人，德宗时官泗濠节度使，治所在今江苏徐州。⑤ 宫市：唐德宗时，派宦官在长安购买民间货物，实际形同抢夺，称宫市，是百姓的一大祸害。⑥ 阳山：县名，今广东阳山。⑦ 江陵：府名，治所在今湖北江陵。法曹参军：州府的属官，掌刑狱。⑧ 河南令：当时的东都洛阳设河南府，属县中河南、洛阳两县治所都在洛阳城内，河南令即河南县令。⑨ 裴度(765—839)：唐闻喜(今山西闻喜)人，字中立，宪宗时官宰相。淮西：淮西节度使管区，治所在今河南汝南。当时吴元济在此作乱，裴度以淮西宣慰处置使名义为统帅把乱事平定。⑩ 行军司马：统帅出征时的属官。⑪ 崔群：唐武城(今山东武城)人，当时也任宰相。⑫ 潮州：治所在今广东潮安。⑬ 国子祭酒：国子监的长官。⑭ 长庆：唐穆宗李恒年号，使用于公元821—824年间。

【翻译】

韩愈，字退之，南阳人。很早就成了孤儿，跟着嫂子读书，每天背诵数千字，通读诸子百家。贞元八年考中进士，他前后三次去光范门给宰相上书求官，才得任职。董晋上表任命他做宣武节度推官。后来宣武军变乱，韩愈去张建封处，被任为推官。后调任监察御史，上疏议论宫市的弊病，触怒了德宗，被贬为阳山县令，做了不少好事，改任江陵府法曹参军。元和年间，任国子监博士，河南县令。韩愈才高难为众容，多次贬降，就写了《进学解》来譬解。执政觉得他很有才，升转他为考功郎中、知制诰，又升中书舍人。裴度做淮西宣慰处置使，奏请他为行军司马，淮西叛乱平定后，他升任刑部侍郎。宪宗派人迎佛骨进入宫禁，他上表竭力劝谏，宪宗大怒，要杀他，裴度、崔群力救，才贬到潮州做刺史。到任后上表，陈说心情哀痛恳切，下诏量移任袁州刺史，又召任国子祭酒，转任兵部侍郎、京兆尹兼御史大夫。长庆四年逝世。……有诗赋杂文等四十卷，至今风行于世。

柳　宗　元

柳宗元生于公元773年,卒于公元819年。《全唐诗》卷三五〇至三五三收他的诗。他的诗多抒发悲愤抑郁和去国怀乡的情思,山水诗则情致深沉,描绘简洁。

宗元，字子厚，河东人①。贞元九年苑论榜第进士，又试博学宏辞，授校书郎，调蓝田县尉②，累迁监察御史里行③。与王叔文、韦执谊善④，二人引之谋事，擢礼部员外郎，欲大用，值叔文败，贬邵州刺史⑤，半道有诏贬永州司马⑥。遍贻朝士书言情，众忌其才，无为用心者。元和十年，徙柳州刺史⑦。时刘禹锡同谪，得播州⑧，宗元以播非人所居，且禹锡母老，具奏以柳州让禹锡，而自往播，会大臣亦有为请者，遂改连州⑨。宗元在柳，多惠政，及卒，百姓追慕，立祠享祀，血食至今⑩。公天才绝伦，文章卓伟，一时辈行，咸推仰之。工诗，语意深切，发纤秾于简古，寄至味于淡泊，非余子所及也。司空图论之曰："梅止于酸，盐止于咸，饮食不可无，而其美常在酸咸之外，可以一唱而三叹也，子厚诗在陶渊明下，韦应物上。退之豪放奇险则过之，而温厉靖深不及也。"今诗赋杂文等三十卷传于世。

【注释】

① 河东：唐蒲州（即河中府，治所河东，在今山西永济西）自秦以来即为河东郡，柳宗元原籍即在此。② 蓝田：京兆府属县，今陕西蓝田。③ 监察御史里行：御史台的官员，唐太宗令马周"于监察御史里行"，就是说到监察御史班子里工作，后来成为正式官名，等于试用监察御史。④ 王叔文（753—806）：唐越州山阴（今浙江绍兴）人，顺宗时任翰林学士，和王伾、韦执谊、柳宗元、刘禹锡等掌大权，后顺宗被迫退位，宪宗即位，王叔文被杀害。韦执谊：唐京兆人，顺宗时任尚书左丞同中书门下平章事。⑤ 邵州：治所在今湖南邵阳。⑥ 永州：治所在今湖南零陵。⑦ 柳州：治所在今广西柳州。⑧ 播州：治所在今贵州遵义。⑨ 连州：治所在今广东连县。⑩ 血食：受祭祀。因祭祀用牲口，故称"血食"。

【翻译】

柳宗元，字子厚，河东人。贞元九年苑论榜进士及第，又考博学宏辞科，被任为校书郎，转任蓝田县尉，多次升迁任监察御史里行。柳宗元与王叔文、韦执谊关系好，二人引他谋划朝政，升任礼部员外郎，正要大用，王叔文失败，柳宗元被贬外任邵州刺史，半路上又下诏贬为永州司马。

柳宗元给朝官写信陈述情况，这些人忌他的才，没有真心给他出力的。元和十年，改任柳州刺史。当时刘禹锡一同被贬，得了个播州，柳宗元觉得播州不是人住的地方，而且刘禹锡的母亲也老了，就上奏情愿把柳州让给刘禹锡，而自己去播州，正好大臣中也有给刘禹锡说情的，就改派刘去连州。柳宗元在柳州，有许多好的措施，到他死后，百姓怀念他，给他立祠祭祀，至今血食。柳宗元才华出众，文章卓越雄伟，一时同辈人，都很推崇他。诗也写得好，语意深切，在简古中见纤丽，在淡泊中寓至味，不是其他人能企及。司空图评论道："梅子的味道在酸，盐的味道在咸，饮食不可没有，而它的美常在酸咸之外，可以一唱而三叹。柳子厚诗在陶渊明之下、韦应物之上，韩退之的豪迈奇异虽超过他，但温厉靖深就不如了。"如今有诗赋杂文等三十卷流传于世。

刘 禹 锡

刘禹锡生于公元 772 年，卒于公元 846 年。《全唐诗》卷三五四至三六五收他的诗。刘禹锡的诗风健康，七言绝句尤见精彩，是白居易晚年的诗友，白居易称他为“诗豪”。

禹锡，字梦得，中山人①。贞元九年进士，又中博学宏词科，工文章。时王叔文得幸，禹锡与之交，尝称其有宰相器②，朝廷大议，多引禹锡及柳宗元与议禁中。判度支盐铁案③，凭借其势，多中伤人。御史窦群劾云挟邪乱政④。即日罢。宪宗立，叔文败，斥朗州司马⑤。州接夜郎，俗信巫鬼，每祀歌《竹枝》⑥，鼓吹俄延⑦，其声伧佇⑧。禹锡谓屈原居沅、湘间，作《九歌》⑨，使楚人以迎送神，乃倚声作《竹枝辞》十篇，武陵人悉歌之。始坐叔文贬者，虽赦不原。宰相哀其才且困，将澡用之⑩，乃悉诏补远州刺史，谏官奏罢之。时久落魄⑪，郁郁不自抑，其吐辞多讽托远意，感权臣而憾不释。久之召还，欲任南省郎[12]，而作《玄都观看花君子》[13]，诗语讥忿，当路不喜[14]，又谪守播州。中丞裴度言播猿狖所宅[15]，且其母年八十余，与子死决，恐伤陛下孝治，请稍内迁，乃易连州，又徙夔州。后由和州刺史入为主客郎中[16]，至京后，游玄都咏诗，且言："始谪十年，还辇下[17]，道士种桃，其盛若霞。又十四年而来，无复一存，唯兔葵、燕麦[18]，动摇春风耳。"权近闻者，益薄其行。裴度荐为翰林学士，俄分司东都，迁太子宾客。会昌时，加检校礼部尚书卒。公恃才而放，心不能平，行年益晏[19]，偃蹇寡合[20]，乃以文章自适，善诗精绝，与白居易酬唱颇多。尝推为"诗豪"，曰："刘君诗在处有神物护持。"有集四十卷，今传于世。

【注释】

① 中山：西汉景帝子刘胜封国，在今河北唐县东北，刘禹锡先世本是少数民族，后来自言是汉皇室后裔，以中山县为郡望。② 器：才能，人才。③ 判度支盐铁案：唐代设有度支使、盐铁使，管理财赋和盐铁税收，判度支盐铁案就是协助这两使的工作。④ 窦群(760—814)：唐平陵(陕西咸阳西北)人，官左拾遗，侍御史，宪宗时任膳部员外郎、兼侍御史知杂，出为唐州刺史。⑤ 朗州：治所在今湖南常德。⑥ 竹枝：即《竹枝词》，乐府《近代曲》名，本巴渝(今四川东部)一带民歌。刘禹锡据民歌改作新词，歌咏三峡风光和男女恋情，也曲折地流露出他遭贬谪后的心情。⑦ 俄延：一会儿。⑧ 伧佇(níng)：形容发音粗重，含有轻侮的意思。⑨《九歌》：现有十一首，都是楚人祭鬼神之歌，相传屈

原所作。⑩ 澡用：洗雪起用。⑪ 落魄：穷困失意。⑫ 南省郎：即尚书郎。唐中书、门下、尚书三省在宫城之南，尚书省位置更在其他二省之南，故称尚书省的郎官为南省郎。⑬ 玄都观：道观，在唐长安崇业坊。⑭ 当路：掌权执政者，即宰相。⑮ 狖（yòu）：黑色的长尾猿。⑯ 和州：治所在今安徽和县。主客郎中：尚书礼部所属主客司长官，掌诸蕃朝觐之事。⑰ 辇（niǎn）下：皇帝乘用的车子叫辇，辇下就是帝车之下，也就是京城。⑱ 兔葵：是一种草，似葵而小。⑲ 晏：晚、老。⑳ 偃蹇：骄傲、孤傲。寡合：与别人难以投合。

【翻译】

刘禹锡，字梦得，中山人。贞观九年进士及第，后来又考中博学宏辞科，文章写得好。当时王叔文得顺宗信任，刘禹锡与王交往，王称赞刘禹锡有宰相才。朝廷重要议事，王叔文多引刘禹锡和柳宗元在宫禁中商量。刘禹锡判度支盐铁案，凭借王叔文的权势，常中伤他人。御史窦群弹劾刘挟邪乱政，窦当天就被免职。宪宗即位，王叔文失败，刘禹锡被贬为朗州司马。朗州邻接夜郎，风俗信巫鬼，每当祭祀时都要唱《竹枝》，鼓吹一会儿，声音凄怆。刘禹锡认为屈原住在沅江、湘水之间，作《九歌》，让楚人用来迎神送神，自己也就依照其《竹枝》的声调写了十篇《竹枝辞》，武陵人就都唱这新辞。起初因王叔文案被贬的人，即使遇大赦也不赦免。宰相怜惜他们有才而困厄，准备把他们洗雪起用，就下诏改任远方诸州刺史，谏官上奏反对而作罢。当时刘禹锡长期落魄，忧郁不能自抑，写出诗赋多寄托深远，想感动掌权者，但掌权者对他仍记恨而不消释。过了好久才被召回，朝廷想任命他为南省郎，他却写了《玄都观看花君子》诗，诗意讥忿，弄得宰相不高兴，又把他谪为播州刺史。御史中丞裴度说播州是猿狖所居之地，而且刘的母亲已八十多岁了，与儿子生离等于死别，恐怕有损陛下以孝治天下之心，请稍稍内迁，于是改去连州，又迁到夔州。后来由和州刺史入任主客郎中，回到京城以后，游览玄都又咏诗，并说："开始我被贬十年，回到京城，这里的道士种桃，茂盛有如朝霞。又过了十四年回来，一棵也不存在了，只有兔葵、燕麦，在春风中摇曳。"权贵近臣知道了，更加鄙薄他的品行。裴度推荐他做翰林学士，不久又分司东都，迁任太子宾客。会昌年间，加检校礼部尚书后去世。刘禹锡依仗自己才能，却被放逐，内心颇为不平，年龄愈大，孤傲而很少和人合得来，就用文章来自我安慰。擅长写诗，极为精妙，与白居易酬唱很多，白曾推他为"诗豪"，说："刘君的诗处处有神物在佑护。"有集四十卷，至今流传于世。

孟　郊

孟郊生于公元 751 年,卒于公元 814 年。《全唐诗》卷三七二至三八一收他的诗。他作诗以苦吟著称,对晚唐诗风影响颇大。

郊，字东野，洛阳人。初隐嵩山称处士。性介不谐合，韩愈一见为忘形交，与唱和于诗酒间。贞元十二年李程榜进士，时年五十矣。调溧阳尉①，县有投金濑、平陵城②，林薄蓊翳③，下有积水。郊间往坐水傍，命酒挥琴，裴回赋诗终日，而曹务多废。县令白府，以假尉代之，分其半俸，辞官家居。李翱分司洛中④，日与谈宴，荐于兴元节度使郑余庆⑤，遂奏为参谋，试大理平事⑥，卒，余庆给钱数万营葬，仍赡其妻子者累年，张籍谥为贞曜先生⑦，门人远赴心丧⑧。郊拙于生事，一贫彻骨，裘褐悬结⑨，未尝俯眉为可怜之色，然好义者更遗之。工诗，大有理致，韩吏部极称之。多伤不遇，年迈家空。思苦奇涩，读之每令人不欢。……时陆长源工

诗[10]，相与来往，篇什稍多，亦佳作也。有《咸池集》十卷行于世。

【注释】

①溧阳：县名，在今江苏溧阳西北。②投金濑：即溧水，一名濑水。相传为春秋时伍子胥乞食投金处，故名。平陵城：东晋分永世县置平陵县，故址在今江苏溧阳县西北。③蓊蘙（wěng yì）：草木茂盛貌。④李翱（772—841）：字习之，陇西成纪（今甘肃秦安东）人。官山南东道节度使，曾从韩愈学古文，是唐代古文作家。⑤兴元：唐山南西道节度使治所，今陕西汉中。兴元节度使即山南西道节度使。郑余庆：唐荥阳（今河南荥阳）人，德宗时曾任中书侍郎同中书门下平章事。⑥大理平事：大理寺属官有评事史，但孟郊任此职只是挂个名，实职仍是节度参谋。⑦谥（shì）：古代在人死后按其生前事迹评定褒贬给予的称号。⑧心丧：旧时师死，弟子守丧，不穿孝服只在心中哀丧，叫心丧，后心丧就成为弟子为师守丧的通称。⑨裘：毛皮衣服。褐：用粗毛麻织成，贫穷者用来做衣服。⑩陆长源：唐吴县（今江苏苏州）人，长于文学，官宣武节度司马。

【翻译】

孟郊字东野，洛阳人。起初隐居在嵩山称处士。性情孤僻不合群，韩愈一见他结为忘形之交，和他唱和于诗酒之间。贞元十二年他中李程榜进士，当时已五十岁了。调任溧阳县尉，县里有投金濑、平陵城，林木茂郁，下有积水。

他有时坐在水旁，饮酒弹琴，整日徘徊作诗，县里的公务多被荒废。县令报告刺史，派了个代理县尉去代替他，分用他的一半俸禄，他就辞官回家。李翱分司洛阳，每天都和他在一起饮宴谈论，把他推荐给兴元节度使郑余庆，郑上奏任他为节度参谋，试大理平事，死于任上，郑余庆出了数万钱给他安葬，并供养他的妻儿好几年，张籍谥他为贞曜先生，他的门人远道而来为他守丧。孟郊拙于谋生之道，一贫彻骨，破烂的皮衣褐衣拖一片、挂一片，可从未俯首低眉做出令人可怜的样子，只是好义的人常常赠送他一些。他诗写得好，大有理致，韩愈极为赞赏。诗中多是感伤自己不被重用，年老了家仍很穷。构思苦且涩，读起来常使人不愉快。……当时陆长源诗也写得好，和他往来，酬唱诗篇很多，均为佳作。有《咸池集》十卷流传于世。

吕 温

吕温大约生于公元 774 年，卒于公元 813 年。《全唐诗》卷三七〇、三七一收他的诗。他和刘禹锡、柳宗元友好，诗歌反映现实，关心民生。

温，字和叔，河中人。初从陆贽治《春秋》、梁肃为文章[①]。贞元十四年李随榜及第，中宏辞。与王叔文厚善，骤迁左拾遗，除侍御史。使吐蕃[②]，留不得遣弥年。温在绝域[③]，常自悲惋。元和元年还，进户部员外郎，与窦群、羊士谔相爱[④]。群为中丞，荐温为御史，宰相李吉甫持久不报[⑤]。会吉甫病，夜召术士[⑥]，群等因奏之，事见群传[⑦]。上怒，贬筠州[⑧]，再贬道州刺史[⑨]，诏徙衡州[⑩]，卒官所。温藻翰精赡，一时流辈咸推尚。性险躁谲怪而好利。今有集十卷，行于世。

【注释】

① 陆贽(754—805):唐苏州嘉兴(今浙江嘉兴)人,德宗时任中书侍郎同平章事。梁肃(753—793):唐安定(今甘肃泾川)人,官右补阙,太子侍读、翰林学士等,古文得独孤及传授。② 吐蕃:我国古代藏族政权名,故址在今西藏自治区。③ 绝域:极远的地方,古代多用来指少数民族地区和外国。④ 羊士谔:唐泰山(今山东泰安)人,宪宗时任监察御史。⑤ 李吉甫(758—814):唐赵郡(今河北赵县)人,两度任宰相。⑥ 术士:以搞迷信活动为业的人。⑦ 群传:这里指《新唐书》的窦群传。⑧ 筠(jūn)州:治所在今四川筠连。⑨ 道州:治所在今湖南道县。⑩ 衡州:治所在今湖南衡阳。

【翻译】

吕温,字和叔,河中人。起初跟陆贽研治《春秋》、跟梁肃学写文章。贞元十四年李随榜及第,又考中博学宏辞科。他和王叔文关系好,很快升迁为左拾遗,除授侍御史。出使吐蕃,被扣留不得返回有一年多。他身在绝域,常自悲叹。元和元年归来,升任户部员外郎,和窦群、羊士谔相友爱。窦群做御史中丞,推荐吕温做御史,宰相李吉甫压下来长时间不批复。正逢上李吉甫生病,晚上召来术士,窦群等人因此上奏,事情见窦群传。皇上发怒,把吕温贬为筠州刺史,再贬为道州刺史,后下诏迁任衡州刺史,死在任所。吕温文辞精丽丰赡,被当时流辈所推崇。性情险躁谲怪而好利。如今有集十卷,流行于世。

张　籍

张籍大约生于公元 766 年，卒于公元 830 年。《全唐诗》卷三八二至三八六收他的诗。他的诗多为乐府诗，平实写来，却韵味无穷。

籍，字文昌，和州乌江人也①。贞元十五年封孟绅榜及第。授秘书郎，历太祝②，除水部员外郎③。初至长安，谒韩愈，一会如平生欢，才名相许，论心结契，愈力荐为国子博士。然性狷直，多所责讽于愈，愈亦不忌之。时朝野名士皆与游，如王建、贾岛、于鹄、孟郊诸公集中④，多所赠答，情爱深厚。皆别家千里，游宦四方，瘦马羸童，青衫乌帽，故每邂逅于风尘，必多殷勤之思，衔杯命素，又况于同志者乎！声调相似，况味颇同。公于乐府古风，与王司马自成机轴⑤，绝世独立。自李、杜之后，风雅道丧，至元和中，暨元、白歌诗，为海内宗匠，谓之“元和体”，病格稍振，无愧洪河砥柱也⑥。乐天赠诗曰：“张公何为者，业文三十春，尤工

乐府词，举代少其伦。”任终国子司业⑦。有集七卷，传于世。

【注释】

① 和州：治所在今安徽和县。乌江：县名，在今安徽和县东北苏皖界上的乌江镇。② 太祝：太常寺的属官，掌出纳神主，祭祀时跪读祝文。③ 水部员外郎：尚书省工部所属水部司的副长官，主管江河舟楫灌溉。④ 于鹄：诗人，本书有传。⑤ 王司马：指王建，晚年任陕州司马，故称王司马。机轴：这里是“机杼”的意思，指诗文创作中构思布局的新巧而言。⑥ 洪河：大河，指黄河。砥柱：黄河中的小石山，以在水中若柱，故名，现已炸毁。⑦ 国子司业：国子监的副长官。

【翻译】

张籍，字文昌，和州乌江人。贞元十五年封孟绅榜进士及第。任为秘书郎，又历任太祝，除授水部员外郎。张籍刚到长安时，拜谒韩愈，一见如故，以才名相许，成为知心朋友，韩愈竭力推荐他做上国子博士。但张籍性格狷直，对韩愈多所指责，韩愈也不忌讳。当时朝野名流都和张籍有来往，像王建、贾岛、于鹄、孟郊诸公的集子里，都有和张籍相唱酬的诗作，感情深厚。这些人都是离家千里，游宦于四方，骑着瘦马带着弱童，披着青衣戴着乌帽，每相逢于风尘之中，必多殷勤之思，饮酒述怀，又何况是志同道合者啊！他们之间声调相似，况味也相同。张籍的乐府古风，和王建都自成机杼，离世俗而独立。自李白、杜甫之后，风雅之道已经沦丧，到元和年间，张籍和元稹、白居易的诗歌成为海内宗匠，被称为“元和体”，稍稍改变前此的病格，无愧为黄河砥柱。白居易曾赠诗张籍说：“张公何为者，业文三十春，尤工乐府词，举代少其伦。”张籍终于国子司业。有集七卷，流传于世。

权 德 舆

权德舆生于公元 759 年，卒于公元 818 年。

《全唐诗》三二〇至三二九收他的诗。风格接近韦应物、刘长卿。

德舆，字载之，秦州人①。未冠以文章称诸儒间。韩洄黜陟河南②，辟置幕府。复从江西观察使李兼府为判官。德宗闻其材，召为太常博士，改左补阙。中间累上书直言，迁起居舍人。贞元十五年，知制诰，进中书舍人。宪宗初，历兵部侍郎、太子宾客。以陈说谋略多中，元和五年自太常卿拜礼部尚书同中书门下平章事。德舆善辩论，开陈古今，觉悟人主。为辅相，尚宽，不甚察察。封扶风郡公③。德舆能赋诗，工古调乐府，极多情致，积思经术，无不贯综，手不释卷。虽动止无外饰，其酝藉风流④，自然可慕。贞元、元和间，为荐绅羽仪⑤。有文集，今传，杨嗣复为序⑥。

【注释】

① 秦州:治所在今甘肃天水。② 韩洄:唐长安人,德宗时官户部侍郎。黜陟:指黜陟使,朝廷临时派出以考察地方官吏政绩,有极大权力。③ 扶风郡:即凤翔府,治所在今陕西扶风。④ 酝藉:宽容含蓄。⑤ 荐绅:同"搢绅"、"缙绅",士大夫有官位者。羽仪:表率。⑥ 杨嗣复:字继之,文宗时任户部侍郎同中书门下平章事。

【翻译】

权德舆,字载之,秦州人。未冠时就以文章为诸儒称道。韩洄做河南黜陟使,召他入幕府。又到江西观察使李兼幕府任判官。德宗听说他很有才能,征召他做太常博士,又改任左补阙。这期间他多次上书直言,升为起居舍人。贞元十五年,任知制诰,进任中书舍人。宪宗初年,历任兵部侍郎、太子宾客。因为陈说谋略多说对了,在元和五年从太常卿拜礼部尚书同中书门下平章事。权德舆善于辩论,开陈古今,使人君觉醒。做宰相,主张宽不求细察。封扶风郡公。权德舆能写诗,古调乐府写得好,极有情致,钻研经术,无不贯通,手不释卷。举止行动虽然不事矫饰,却风流蕴藉,自然可慕。在贞元、元和年间,成为荐绅的表率。有文集,至今流传,有杨嗣复写的序。

卷　六

白　居　易

白居易生于公元 772 年,卒于公元 846 年。《全唐诗》卷四二四至四六二收他的诗。白居易是唐代著名的大诗人,所写《秦中吟》、《新乐府》和《长恨歌》等均为千古传诵之作。

居易,字乐天,太原下邽人①。弱冠名未振,观光上国②,谒顾况。况吴人,恃才少所推可,因谑之曰:“长安百物皆贵,居大不易!”及览诗卷,至“离离原上草③,一岁一枯荣。野火烧不尽,春风吹又生”,乃叹曰:“有句如此,居天下亦不难,老夫前言戏之耳。”贞元十六年中书舍人高郢下进士、拔萃皆中④,补校书郎。元和元年,作乐府及诗百余篇规讽时事,流闻禁中,上悦之,召拜翰林学士,历左拾遗。时盗杀宰相⑤,京师汹汹⑥,居易首上疏,请亟捕贼。权臣有嫌其出位⑦,怒之。俄有言居易母堕井死而赋《新井篇》,言既浮华,行不可用,贬江州司马。初以勋庸暴露不宜,实无他肠，佛怒奸党⑧，遂失志。亦能顺所遇，托浮屠死生说，忘形骸者⑨。久之，转中书舍人，知制诰。河朔乱⑩，兵出无功，又言事不见听，乞外除为杭州刺史。文宗立，召迁刑部侍郎。会昌初致仕⑪，卒。居易屡以忠鲠遭摈，乃放纵诗酒。既复用，又皆幼君，仕情顿尔索寞⑫。卜居履道里⑬，与香山僧如满等结净社，疏沼种树，构石楼，凿八节滩⑭，为游赏之乐，茶铛、酒杓不相离⑮。尝科头箕踞，谈禅咏古，晏如也⑯。自号“醉吟先生”，作传。酷好佛，亦经月不荤，称“香山居士”。与胡杲、吉皎、郑据、刘真、卢贞、张浑、如满、李文爽燕集⑰，皆高年不仕，日相招致，时人慕之，绘《九老图》。公诗以六义为主⑱，不尚艰难，每成篇，必令其家老妪读之，问解则录。后人评白诗如山东父老课农桑，言言皆实者也。鸡林国行贾售于其国相⑲，率篇百金，伪者即能辨之。与元稹极善胶漆⑳，音韵亦同，天下曰“元白”。元卒，与刘宾客齐名㉑，曰“刘白”云。公好神仙，自制飞云履㉒，焚香振足，如拨烟雾，冉冉生云。初来九江㉓，居庐阜峰下，作草堂烧丹，今尚存。有《白氏长庆集》七十五卷，及所撰古今事实为《六帖》㉔，及述作诗格法欲自除其病名《白氏金针集》三卷，并行于世。

【注释】

①太原：唐太原府治所太原县，即今山西太原，是白家的郡望。下邽：县名，在今陕西渭南东北，是白居易祖居所在。②观光：到京城等大地方开眼界。上国：指京城。

③ 离离:繁茂的样子。④ 高郢:唐卫州(今河南汲县)人,官至宰相,当时任中书舍人,主持过贞元十六年的进士科考试。拔萃:书判拔萃科,唐科举之一。⑤ 盗杀宰相:指元和十年,宰相武元衡早朝时,被平卢节度使李师道派刺客杀死。⑥ 汹汹:形容喧扰不安。⑦ 出位:旧时主张要守本分,如果说了所谓不该说的话,做了所谓不该做的事,叫"出位"。⑧ 佛(bèi 备)怒:佛通"悖",违异,反背。佛怒即逆了人家意使人家发怒,也就得罪了人家。⑨ 形骸:人的形体,躯壳。⑩ 河朔乱:指长庆元年幽州节度使管区兵乱,拥立朱光融。镇州节度使管区也兵乱,拥立王廷凑。⑪ 会昌:唐武宗李炎年号,使用于公元841—846年间。⑫ 索寞:枯寂无生气,消沉的样子。⑬ 履道里:在洛阳城里的一个坊。⑭ 八节滩:在洛阳市南龙门潭一带,峭石壁立,不利行舟。会昌四年,白居易捐资开凿除险。⑮ 铛(chēng):温器。杓(sháo):杓子。⑯ 科头:结发不戴冠。箕踞:坐时两脚伸直岔开,形似簸箕,是轻慢随便的态度。⑰ 胡杲:唐安定(今甘肃泾川)人,前怀州司马。吉皎:唐冯翊(今陕西大荔一带)人,前卫尉卿。郑据:唐荥阳(今河南荥阳)人,前右龙武军长史。刘真:唐广平(今河北邯郸一带)人,前磁州刺史。卢贞:范阳(今北京)人,前侍御史内供奉官。张浑:唐清河(今河北清河一带)人,前永州刺史。如满:俗姓陆,居佛光寺,又号佛光和尚。李文爽:事迹不详。⑱ 六义:指《毛诗序》所说风、雅、颂、赋、比、兴,过去认为是作诗所必须遵循的原则。⑲ 鸡林国:古国名,即新罗,在今朝鲜半岛。行贾(gǔ):行商。⑳ 胶漆:比喻情意相投,如胶似漆地粘到一起不能分离。㉑ 刘宾客:指刘禹锡,曾任太子宾

客。㉒ 飞云履：以玄绫为质、素绡作云纹的一种便鞋。㉓ 九江：今江西九江。㉔ 六帖：即《白氏六帖》，又名《白氏六帖事类集》，是一部分类罗列典故的类书。

【翻译】

白居易，字乐天，太原人，祖居下邽。弱冠时尚没有名气，到长安观光，拜见顾况。顾况是苏州人，依仗有才，对人很少许可。因此挖苦白居易说："长安的物品都很贵，居住起来大不容易！"等看白居易的诗卷，看到"离离原上草，一岁一枯荣，野火烧不尽，春风吹又生"，就叹道："有这样的诗句，在天下任何地方居住也不难，老夫前面的话是和你开玩笑。"贞元十六年中书舍人高郢主持进士科考试时白居易考中了，接着又考中了拔萃科，授为校书郎。元和元年，写乐府及诗一百多篇来讽谏时政，流传到宫里，皇上看了很高兴，召他做翰林学士，历任左拾遗。这时有盗刺杀宰相，京城里汹汹不安，白居易首先上疏，请求赶快捉拿凶手。权臣中有人嫌他出位，很恨他。不久有人说白居易母亲落井死而白居易却写了《新井篇》，言词既浮华，从行为看也不能任用，贬为江州司马。白居易当初因受了勋庸就得暴露不合宜的东西，实在没有其他想法，可得罪了奸党，因此失意。但他也能顺乎遭遇，托于佛教生死之说，忘却形骸。过了好久，转任中书舍人知制诰。河朔叛乱，出兵无功，白居易又上书言事而没被采纳，请求外任被除授杭州刺史。文宗即位，召回他升任刑部侍郎。会昌初年退休，逝世。白居易多次因忠鲠而遭排挤，就放纵诗酒。再次起用后，又都是遇上年幼的君主，仕宦之情顿时冷寞下来。住在履道里，和香山僧如满等人组织净社，疏池沼，种树木，建造石楼，开凿八节滩，游赏寻欢，不离茶铛、酒勺。常科头箕踞，谈禅咏古，安然自乐。自号"醉吟先生"，并写了《醉吟先生传》。非常喜好佛，也整月不吃荤，称为"香山居士"。和胡杲、吉皎、郑据、刘真、卢贞、张浑，还有如满、李文爽一起聚会宴饮，都是年高不再做官的，每天互相招引，当时人都很羡慕他们，画有《九老图》。白居易的诗以六义为主，不喜欢艰难，每当写成，一定要叫家里的老妪读，问懂得了才录下来。后人评价白居易的诗像山东父老劝课农桑，句句都能落实。鸡林国行商把他的诗带回国卖给宰相，每篇通常要卖一百金，伪托之作都能分辨出来。白居易和元稹友好，亲如胶漆，诗歌风韵也相同，人称"元白"。元稹死后，和刘禹锡齐名，称"刘白"。白居易好神仙，自己制作飞云履，焚香举足，像拨开烟雾，冉冉升云。初来九江时，住在庐山峰下。筑草堂炼丹药，如今还在。有《白氏长庆集》七十五卷，以及他所撰集古今事实的《六帖》和叙述作诗的规范想自己除去毛病的《白氏金针集》三卷，都在世上流行。

元 稹

元稹生于公元779年,卒于公元831年。《全唐诗》卷三九六至四二三收他的诗。他和白居易齐名,时称“元白”。

稹,字微之,河南人。九岁工属文,十五擢明经,书判入等①,补校书郎。元和初,对策第一②,拜左拾遗。数上书言利害,当路恶之,出为河南尉。后拜监察御史,按狱东川③。还次敷水驿④,中人仇士良夜至⑤,稹不让邸,仇怒,击稹败面。宰相以稹年少轻威,失宪臣体⑥,贬江陵士曹参军⑦。李绛等论其枉⑧。元和末召拜膳部员外郎⑨。稹诗变体,往往宫中乐色皆通之⑩,呼为才子。然缀属虽广,乐府专其警策也。初在江陵,与监军崔潭峻善⑪,长庆中⑫,崔进其歌诗数十百篇,帝大悦,问今安在,曰:“为南宫散郎⑬。”擢祠部郎中、知制诰。俄迁中书舍人、翰林承旨⑭,后拜同中书门下平章事。初以瑕衅,举动浮薄,

朝野杂笑，未几罢。然素无检[15]，望轻，不为公议所右。除武昌节度使[16]，卒。在越时[17]，辟窦巩，巩工诗，日酬和，故镜湖、秦望之奇益传[18]，时号“兰亭绝唱”[19]。微之与白乐天最密，虽骨肉未至，爱慕之情，可欺金石，千里神交，若合符契，唱和之多，无逾二公者。有《元氏长庆集》一百卷及《小集》十卷，今传。

【注释】

① 书判：书判拔萃科，唐科举之一。② 对策：指元稹应制举的才识兼茂明于体用科，对策即应此科而回答所考的问题。③ 东川：剑南东川节度使管理，治所在今四川三台。④ 次：停留。敷水驿：在今陕西华阴县西。⑤ 仇士良(781—843)：唐宦官。字匡美，循州兴宁（今广东兴宁东北）人，任至左神策军中尉等要职。⑥ 宪臣：指御史台的官员。⑦ 士曹参军：州府的属官。⑧ 李绛(764—830)：唐赵郡赞皇（今河北赞皇）人，字深之，官中书侍郎同中书门下平章事。⑨ 膳部员外郎：尚书省礼部所属膳部司的副长官，掌陵庙之牲豆酒膳。⑩ 乐色：乐妓。⑪ 监军：唐代派宦官出任监军，每个节度使身边都有这类监军。崔潭峻：唐宦官，内常侍。⑫ 长庆：唐穆宗李恒年号，使用于公元821—824年间。⑬ 南宫散郎：尚书省所属的员外郎。⑭ 翰林承旨：翰林学士中择年深德重者一人为承旨，承办诏令之类，任此职者多任至宰相。⑮ 检：操行，操守。⑯ 武昌节度使：治所在今湖北武汉。⑰ 越：元稹曾官浙东观察使，治所在越州会稽，即今浙江绍兴，所以简称为越。⑱ 镜湖、秦望：镜湖和秦望山，都在越州即今绍兴。⑲ 兰

亭:也在越州即今绍兴,以王羲之书写《兰亭序》而知名。

【翻译】

元稹,字微之,河南人。九岁就长于文章,十五岁考中明经科,又中书判拔萃科,补授校书郎。元和初年,对策第一,任左拾遗。多次上书陈述朝政得失,被当权者忌恨,外任为河南县尉。后来又任监察御史,去东川检查刑狱,回来时住在敷水驿,宦官仇士良夜里来到,元稹没有把邸舍让给他,仇士良发怒,打元稹把脸都打破了。宰相却认为元稹年纪轻欠威重,有失宪臣的身份,把他贬为江陵士曹参军。李绛等人议论他冤枉。在元和末年召他回来做膳部员外郎。元稹写诗变化体制,宫中乐人往往都能吟唱,称他为才子。尽管他写作面很广,但论警策要算所写的乐府。当初他在江陵时,和监军崔潭峻友好。长庆年间,崔潭峻把他几百篇诗歌进献给皇上,皇上很高兴,问这个元稹现在哪里,崔潭峻说:"在做南宫散郎。"就升他为祠部郎中、知制诰,不久又升任中书舍人、翰林承旨,后又做上同中书门下平章事。原先他因和人闹纠纷,举动轻薄,为朝野所讥笑,因此没过多久就罢去相职。因为他素来不讲操守,声望轻微,公论也就不站到他一边。出任武昌节度使,去世。他在越州任观察使时,征用了窦巩,窦巩诗写得好,和他每天唱和,当地镜湖、秦望山的风景多借此传播,当时称之为"兰亭绝唱"。元稹和白乐天关系最密切,即使骨肉之亲也达不到那样,敬慕之情,真胜过金石,千里之外,梦魂相同,酬唱之多,没有能超过这二公的。有《元氏长庆集》一百卷和《小集》十卷,至今流传。

李 绅

李绅生于公元 772 年,卒于公元 846 年。《全唐诗》卷四八〇至四八三收他的诗。他是以"新题乐府"为标榜的第一个诗人。其诗语言质朴,感情真挚。

绅,字公垂,亳州人①。元和元年,武翊黄榜进士,与皇甫湜同年②,补国子助教。穆宗召为翰林学士,累迁中书舍人。武宗即位③,拜中书侍郎平章事。绅为人短小精悍,于诗特有名,号"短李",与李德裕、元稹同时称"三俊"。集名《追昔游》,多纪行之作。又《批答》一卷④,皆传。初为寿州刺史⑤,有秀才郁浑,年甫弱冠,应百篇科⑥,绅命题试之,未昏而就,警句佳意甚多。亦有集,今传。

【注释】

① 亳州:治所在今安徽亳县。② 同年:旧时科举同一

年同榜中选的互相称同年。③ 武宗：唐武宗李炎，841—846 年在位。④ 批答：指对公文的批答。⑤ 寿州：治所在今安徽寿县。⑥ 百篇科：唐科举的一种。

【翻译】

李绅，字公垂，亳州人。元和元年武翊黄榜进士，和皇甫湜是同年，任国子助教。穆宗召他做翰林学士，多次升迁为中书舍人。武宗即位后，拜中书侍郎平章事。李绅为人短小精悍，写诗非常有名，号称“短李”，和李德裕、元稹同时被称为“三俊”。集子名《追昔游》，大多是记述行旅的作品。还有《批答》一卷，都流传下来。起初他做寿州刺史时，有个秀才叫郁浑，年刚弱冠，应百篇科，李绅为他命题考试，没到黄昏就写完了，其中警句佳意很多。此人也有集子，流传至今。

沈 亚 之

沈亚之生于公元 781 年，卒于公元 832 年。《全唐诗》卷四九三收他的诗。其诗自成体式，在中晚唐颇有影响。

亚之，字下贤，吴兴人。初至长安，与李贺结交。举进士不第，为歌以送归。元和十年，侍郎崔群下进士①，泾原李汇辟为掌书记②。迁秘书省正字。长庆中，补栎阳令。四年，迁福建团练副使③，事徐晦④。后累迁殿中丞御史、内供奉⑤。大和三年，柏耆宣慰德州⑥，取为判官。耆罢，亚之贬南康尉⑦。后终郢州掾⑧。亚之以文辞得名，然狂躁贪冒，辅耆为恶，颇凭陵晚达，故及于谪。尝游韩吏部门，杜牧、李商隐俱有拟沈下贤诗，盖甚为当时名辈器重云。有集九卷，传世。

【注释】

① 崔群：唐武城（今山东武城）人，官中书侍郎，同中书门下平章事。② 泾原：泾原节度使，治所在今甘肃泾川县北。李汇：唐柳城（今辽宁朝阳）人，官泾原节度使。③ 福建团练副使：福建团练使之副职。唐中期以后，在不设节度使的地区置都团练使。团练使，掌本区各州军事，常与观察使、防御使互兼。福建团练使治所在今福建福州。④ 徐晦：时任福建观察使。⑤ 殿中丞御史：应作殿中侍御史，御史台属官。⑥ 柏耆：唐魏州（治所在今河北大名北）人，时官谏议大夫。德州：治所在今山东德州陵城。⑦ 南康：县名，今江西南康。⑧ 掾（yuàn）：古代属官的通称。沈亚之任郢州司户参军。

【翻译】

沈亚之，字下贤，吴兴人。初到长安，和李贺结交。考进士科没考中，李贺作歌送他回家。元和十年，侍郎崔群主持进士科考试他考中，泾原节度使李彙请他掌书记。后迁任秘书省正字。长庆年间，任栎阳县令。四年，升任福建团练副使，在徐晦手下。后多次升迁任殿中侍御史、内供奉。大和三年，柏耆宣慰德州，请他做判官。柏耆被罢官，沈亚之也贬为南康县尉。以后终于郢州掾。沈亚之以文辞闻名，但他狂躁贪冒，辅佐伯耆干了坏事，欺凌晚辈，所以弄到贬官。他曾在韩吏部门下走动，杜牧、李商隐都有拟沈下贤诗，大概很被当时的名流器重。有集九卷，流传于世。

薛　涛

薛涛大约生于公元 760 年，卒于公元 835 年。其诗收入《全唐诗》卷八〇三。她的诗以清词丽句见长，有一些关怀现实之作。

涛，字洪度，成都乐妓也。性辨惠，调翰墨。居浣花里①，种菖蒲满门②，傍即东北走长安道也，往来车马留连。……及武元衡入相③，奏授校书郎。蜀人呼妓为校书，自涛始也。……涛工为小诗，惜成都笺幅大，遂皆制狭之，人以为便，名曰“薛涛笺”。……其所作诗，稍欺良匠，词意不苟，情尽笔墨，翰苑崇高，辄能攀附，殊不意裙裾之中④，出此异物，岂得以匪其人而弃其学哉⑤？大和中卒。有《锦江集》五卷，今传，中多名公赠答云。

【注释】

① 浣花里：在成都西郊。② 菖蒲：香草名，多年生水

生草本,民间在端午节常将菖蒲叶与艾结扎成束,或烧其花序,以薰蚊虫。③ 武元衡:曾任剑南西川节度使,后又入相。④ 裙裾(jū):裾本指衣袖,裙裾在这里指妇女。⑤ 匪其人:匪在这里通"非",非其人就是说她不是文人而只是乐妓。

【翻译】

薛涛,字洪度,成都的乐妓。性明辨聪惠,懂调弄翰墨。住在浣花里,门前种满菖蒲,旁边就是东北走向长安的大路,来往车马留连。……到武元衡自剑南西川节度使入相,上奏授予她校书郎。蜀人称妓女为校书,就是从薛涛开始的。……薛涛长于写小诗,可惜的是成都的笺尺寸过大,就都做成狭的,大家觉得很方便,就叫它"薛涛笺"。……她所写的诗,颇能压倒好手,词意毫不苟简,情感尽于笔墨,翰苑之所推崇,她都能攀附,真想不到妇女之中,能出现这样特殊的人物,难道能因为她不是文人而无视她的才学吗?大和中她去世。有《锦江集》五卷,至今流传,其中有许多名人赠答之作。

姚　合

姚合生于公元775年,大约卒于公元855年。《全唐诗》卷四九六至五〇二收他的诗。他和贾岛关系密切,诗风接近,但较为平易。

合，陕州人，宰相崇之曾孙也[①]。以诗闻。元和十一年，李逢吉知贡举[②]，有夙好，因拔泥涂，郑澥榜及第。历武功主簿，富平、万年尉[③]。宝历中[④]，除监察御史，迁户部员外郎，出为金、杭二州刺史[⑤]。后召入，拜刑、户二部郎中，谏议大夫、给事中。开成间[⑥]，李商隐尉弘农[⑦]，以活囚忤观察使孙简[⑧]，将罢去，会合来代简，一见大喜，以风雅之契，即谕使还官，人雅服其义。后仕终秘书监。与贾岛同时，号“姚、贾”，自成一法。岛难吟，有清冽之风；合易作，皆平澹之气。兴趣俱到，格调少殊，所谓方拙之奥，至巧存焉，盖多历下邑，官况萧条，山县荒凉，风景凋弊之间，最工模写也。性嗜酒爱花，颓然自放，人事生理[⑨]，略

不介意，有达人之大观。所为诗十卷；及选集王维、祖咏等二十一人诗为《极玄集》一卷，《序》称维等皆诗家射雕手也⑩；又摭古人诗联，叙其指意，各有体要，撰《诗例》一卷；今并传焉。

【注释】

① 姚崇(650—721)：唐陕州硖石(今河南三门峡南)人，玄宗朝名相。② 李逢吉：唐陇西(今甘肃陇西)人，宪宗时官同中书门下平章事。③ 武功：县名，今陕西武功。富平：县名，今陕西富平。④ 宝历：唐敬宗李湛年号，使用于公元825—827年间。⑤ 金州：治所在今陕西安康。⑥ 开成：唐文宗李昂年号，使用于公元836—840年间。⑦ 弘农：县名，在今河南灵宝北。⑧ 活囚：给囚犯减罪或平反使免处死。观察使：陕虢观察使，治所在今河南三门峡。孙简：字枢中，曾官中书舍人、尚书左丞。⑨ 生理：生计，谋生之道。⑩ 诗家射雕手：北齐斛律光善射，曾射下一只大雕，诗家射雕手，就是说这些人是诗人中的好手。

【翻译】

姚合，陕州人，宰相姚崇的曾孙。以诗写得好而出名。元和十一年，李逢吉主持进士科考试，他和姚合是老朋友，所以尽力奖拔他，使他郑澥榜及第。历任武功县主簿，富平、万年县尉。宝历年间，任监察御史，转任户部员外郎，外任金、杭二州刺史。后召回京，任刑、户二部郎中、谏议大夫、给事中。开成年间，李商隐做弘农县尉，因给囚犯免死而触犯了观察使孙简，将被免官，正好姚合来代替孙简，一见李商隐特别高兴，因是诗友，就让复官，人们都很佩服这一举动。姚合最后做到秘书监去世。他和贾岛是同时人，号称“姚贾”，诗风自成一派。贾岛作诗苦吟，具有清冽之风；姚合写诗易成，尽是平淡之气。兴趣都到，格调稍异。正像人说的方拙之奥，最巧的就在其中，这大致因为他们多在小地方做官，官况萧索，山县荒凉，在这种风景凋敝之中，最易工于描写。姚合性嗜酒爱花，颓然放任，人事生计，从不放在心上，有达人的开阔胸怀。所作诗十卷；又选集王维、祖咏等二十一人的诗为《极玄集》一卷，序中说王维等人都是诗家射雕手；又选择古人的诗联，阐述其中旨意，各有体要，撰《诗例》一卷，都流传下来。

章孝标

章孝标，生卒年不详。《全唐诗》卷五〇六收他的诗。其诗多应酬之作。

孝标，字道正，钱塘人①。李绅镇淮东时②，春雪，孝标参座席，有诗名，绅命札请赋，唯然，索笔一挥云："六出花飞处处飘③，粘窗拂砌上寒条④。朱门到晚难盈尺⑤，尽是三军喜气消。"李大称赏，荐于主文⑥。元和十四年，礼部侍郎庾承宣下进士及第⑦，授校书郎。于长安将归嘉庆，先寄友人曰："及第全胜十政官⑧，金汤镀了出长安。马头渐入扬州郭，为报时人洗眼看。"绅适见，亟以一绝箴之曰⑨："假金方用真金镀，若是真金不镀金。十载长安方一第，何须空腹用高心。"孝标惭谢。伤其气宇窘急，终不大用。大和中，尝为山南道从事、试大理评事。仕终秘书正字。有集一卷，传世。

【注释】

① 钱塘:县名,今浙江杭州。② 淮东:应作淮南,治所在今江苏扬州。③ 六出:花分瓣叫出,六出,就是六个花瓣。雪花六角,因用为雪花的别名。④ 砌:台阶。寒条:寒冷中的枝条。⑤ 朱门:指淮南节度使的朱门。⑥ 主文:主考官。⑦ 庾承宣:曾官尚书左丞、吏部侍郎、京兆尹、太常卿等。⑧ 十政官:十次做官。⑨ 箴:劝诫。

【翻译】

章孝标,字道正,钱塘人。李绅做淮东节度使时,一次春雪,章孝标在筵席上,有诗名,李绅拿纸请他赋诗,孝标答应,取笔一挥道:“六出花飞处处飘,粘窗拂砌上寒条。朱门到晚难盈尺,尽是三军喜气消。”李绅大为赞赏,把他推荐给主考官。元和十四年,章孝标在礼部侍郎庾承宣主持下进士及第,任校书郎。从长安准备回去庆贺,先给友人寄诗道:“及第全胜十政官,金汤镀了出长安。马头渐入扬州郭,为报时人洗眼看。”李绅正好看到,急忙写了一首绝句劝告他:“假金方用真金镀,若是真金不镀金。十载长安方一第,何须空腹用高心。”章孝标惭愧谢罪。失于气宇窘急,终于不受重用。大和年间,曾做山南节度使从事、试大理寺评事。最后做秘书正字去世。有集一卷,流传于世。

张　祜

张祜大约生于公元782年,卒于公元852年以后。《全唐诗》五一〇、五一一收他的诗。他的诗在当时极为有名,为杜牧、白居易所称赏。

祜，字承吉，南阳人，来寓姑苏。乐高尚，称处士，骚情雅思，凡知己者悉当时英杰，然不业程文①。元和、长庆间，深为令狐文公器许②，镇天平日③，自草表荐，以诗文三百首献于朝，……祜至京师，属元稹号有城府④，偃仰内庭⑤，上因召问祜之词藻上下，稹曰："张祜雕虫小巧⑥，壮夫不为，若奖激大过，恐变陛下风教。"上颔之⑦，由是寂寞而归。……遂客淮南，杜牧时为度支使⑧，极相善待，有赠云："何人得似张公子，千首诗轻万户侯。"祜苦吟，妻孥每唤之皆不应⑨，曰："吾方口吻生花，岂恤汝辈乎？"性爱山水，多游名寺，如杭之灵隐、天竺，苏之灵岩、楞枷，常之惠山、善权，润之甘露、招隐[10]，往往题咏唱绝。同时崔涯亦工诗，与祜齐名，颇自放行乐，或乘兴北里[11]，每题诗倡肆[12]，誉之则声价顿增，毁之则车马扫迹。涯尚义，有侠诗云："太行岭上三尺雪，崔涯袖中三尺铁。一朝若遇有心人，出门便与妻儿别。"尝共谒淮南李相[13]，祜称"钓鳌客"，李怪之曰："钓鳌以何为竿？"曰："以虹。""以何为钩？"曰："新月。""以何为饵？"曰："以短李相也。"绅壮之，厚赠而去。晚与白乐天日相聚宴谑。……大中中，卒于丹阳隐居。……诗一卷，今传。

【注释】

① 程文：科举考试时作为示范的文章。② 令狐文公：令狐楚(768—836)，唐华原(今陕西耀县)人，字殼士，曾为宰相，死后谥"文"。③ 天平：天平军，唐曾以郓、曹、濮节度为天平军，治所在今山东郓城东。④ 城府：用心令人难于揣测，叫有"城府"。⑤ 偃仰：这里指随从时俗无所主张。⑥ 雕虫：比喻小技、小道，多指词章之学。⑦ 颔(hàn)：点头。⑧ 度支使：尚书省户部有度支司，掌管国家财政收支，安史乱后多以他官兼领度支事务，称为度支使。⑨ 孥(nú)：儿女，有时也指妻和儿女。⑩ 杭：杭州，治所在今浙江杭州。灵隐：灵隐寺，在今杭州西湖边。天竺：天竺寺，在今杭州西湖边。苏：苏州，治所在今江苏苏州。灵岩：灵岩寺，在今苏州木渎。楞枷：楞枷寺，在江苏苏州西南。常：常州，治所在今江苏常州。惠山：惠山寺，在今江苏无锡西郊。善权：善权寺，在今江苏宜兴西南。润：润州，治所在今江苏镇江。甘露：甘露寺，在今镇江北固山上。招

隐：招隐寺，在今江苏丹徒招隐山上。⑪ 北里：唐长安城内的平康里因在城北也叫北里，里中多妓院，因此把北里作为妓院的代称。⑫ 倡肆：妓院。⑬ 淮南李相：李绅，时任淮南节度使。

【翻译】

张祜，字承吉，南阳人。来苏州寓居。崇尚高雅，自称处士，《骚》情《雅》思，知己朋友都是当时英杰，然而他不愿从事程文。元和、长庆年间，深受令狐楚的器重称道，令狐任天平军节度使时，亲自写表推荐，把张祜的三百首诗献给朝廷。……张祜来到京城，适逢元稹号有城府，偃仰内庭，当皇上召他来问及张祜的词藻高下，元稹说："张祜是雕虫小技，壮夫之所不为，如果奖励过分，恐怕会影响皇上的风化政教。"皇上点头称是，张祜也就失望而回。……于是客居淮南。杜牧当时正做度支使，对他非常好。赠诗道："何人得似张公子，千首诗轻万户侯。"张祜苦吟时，妻儿叫他都不答应，说："我正在口角生花，哪能顾得上你们？"张祜喜爱山水，多去游览著名寺院，像杭州的灵隐、天竺，苏州的灵岩、楞枷，常州的惠山、善权，润州的甘露、招隐，往往题咏了绝妙的诗句。同时有位崔涯，诗也写得好，和张祜齐名，颇为放纵行乐，有时乘兴去北里，常在妓院中题诗，捧哪个就声价百倍，诋毁哪个就车马绝迹。崔涯讲义气，有首侠诗写道："太行岭上三尺雪，崔涯袖中三尺铁。一朝若遇有心人，出门便与妻儿别。"两人曾一起拜见淮南节度使李绅，张祜自称为"钓鳌客"，李绅奇怪地问道："钓鳌用什么做钓竿？"说："用彩虹。""用什么做钓钩呢？"说：

"用新月。""用什么做钓饵呢?"说:"用短李相。"李绅认为他很有胆识,赠他厚礼而去。张祜晚年和白居易天天相聚饮宴戏谑。……大中年间,在丹阳的隐居处去世……诗一卷,至今流传。

朱 庆 馀

朱庆馀,生卒年不详。《全唐诗》卷五一四、五一五收他的诗。诗中有许多地方甚有韵致。

庆馀,字可久[①],以字行,闽中人[②]。宝历二年裴球榜进士及第,授秘省校书。得张水部诗旨,气平意绝,社中哲匠也,有名当时。集一卷,今传。

【注释】

① 字可久:应作"名可久"。② 闽中:古郡名,当时地理上习惯用语,大体相当于今福建福州及周围地区。

【翻译】

朱庆馀,字可久,以字行,是闽中人。宝历二年裴球榜进士及第,任秘书省校书郎。他学到张籍的诗旨,气势平易而意想绝高,是诗友中的哲匠,在当时很有名。有集一卷,至今流传。

杜　牧

杜牧生于公元 803 年,卒于公元 853 年。《全唐诗》卷五二〇至五二七收他的诗。他的诗和李商隐齐名,有"小李杜"之称。

牧，字牧之，京兆人也。善属文，大和二年韦筹榜进士，与厉玄同年①。初未第，来东都，时主司为侍郎崔郾②，太学博士吴武陵策蹇进谒曰③："侍郎以峻德伟望，为明君选才，仆敢不薄施尘露④。向偶见文士十数辈，扬眉抵掌，共读一卷文书，览之乃进士杜牧《阿房宫赋》。其人王佐才也⑤！"因出卷搢笏朗诵之⑥，郾大加赏。曰："请公与状头⑦。"郾曰："已得人矣。"曰："不得，即请第五人。更否，则请以赋见还！"辞容激厉，郾曰："诸生多言牧疏旷不拘细行，然敬依所教，不敢易也。"后又举贤良方正科⑧，沈传师表为江西团练府巡官⑨。又为牛僧孺淮南节度府掌书记⑩。拜侍御史，累迁左补阙，历黄、池、睦三州刺史⑪，以考功郎中知制诰，迁中书舍人。牧刚直有奇节，不为龊龊小谨[12]，敢论列大事，指陈利病尤切，兵法戎机，平昔尽意。尝以从兄悰更历将相[13]，而已困踬不振，怏怏难平。卒年五十，临死自写墓志，多焚所为文章。诗情豪迈，语率惊人，识者以拟杜甫，故呼“大杜”、“小杜”以别之。后人评牧诗如铜丸走坂，骏马注坡，谓圆快奋急也。牧美容姿，好歌舞，风情颇张，不能自遏。时淮南称繁盛，不减京华[14]，且多名姬绝色，牧恣心游赏，牛相收街吏报杜书记平安帖子至盈箧[15]。……别业在樊川。有《樊川集》二十卷，及注《孙子》并传[16]。同时有严恽，字子重，工诗，与牧友善，以《问春诗》得名。昔闻有集，今无之矣。

【注释】

①厉玄：曾官侍御史。②主司：主试官。崔郾：字广略，唐武城(今山东武城)人，当时任吏部侍郎。③吴武陵：唐信州(今江西上饶)人，曾任太学博士。④尘露：风尘雨露，比喻微小的贡献。⑤王佐才：辅助帝王的才能。⑥搢笏：把笏版插在腰带上。⑦状头：唐代进士试第一人称状头。⑧贤良方正科：唐代科举的一种。⑨沈传师：唐吴郡(今江苏苏州)人，当时任江南西道观察使，并照例兼团练使。巡官：唐时节度、观察、团练诸使，其僚属都有巡官，位在判官、推官之下。⑩牛僧孺(779—847)：字思黯，安定鹑觚(今甘肃灵台)人。曾任淮南节度使，后入相。⑪黄州：治所在今湖北黄冈。池州：治所在今安徽贵池。睦州：治所在今浙江建德东。⑫龊龊(chuò)：拘谨，注意小节的

模样。⑬ 悰：杜悰，武宗时官尚书左仆射，剑南东川节度使，同平章事。⑭ 京华：京城。⑮ 牛相：指牛僧孺。杜书记：指杜牧，当时杜牧掌书记。⑯ 孙子：即《孙子兵法》。战国时人所作。

【翻译】

杜牧字牧之，京兆人。擅长写文章，大和二年韦筹榜进士，和厉玄是同年，最初没有及第时，来东都洛阳，当时的主考官是侍郎崔郾，太学博士吴武陵骑马进见说："侍郎以峻德伟望，为明君选拔人才，我怎敢不尽微薄之力。刚才我偶然间看到有十几个文士，扬眉击掌，在一起读一卷文书，一看是进士杜牧的《阿房宫赋》。这人是王佐之才啊！"于是拿出文卷把笏版插好朗诵起来，崔郾也大加赞赏。吴武陵说："请您把状头给他。"崔郾说："已经有人了。"吴武陵说："不行，就请给他第五名。再不行，就请您把赋还给我！"言词容色极为激厉，崔郾说："诸生都说杜牧放荡不拘细行，但是敬依您的指教，不敢再改变。"后来杜牧又考中贤良方正科，沈传师表请他为江西团练府巡官。以后又做牛僧孺淮南节度府掌书记。任侍御史，几次迁任左补阙，历任黄、池、睦三州刺史，以考功郎中知制诰，迁任中书舍人。杜牧为人刚直有奇节，不拘于小节，对大事敢于议论，指陈利弊尤为深切，兵法战略，都是平素之所尽心。常认为从兄杜悰出将入相，而自己却坎坷不振，快快不平。终年五十岁，临死前自己写墓志，所写文章有很多被烧掉。他诗情豪迈，出语往往惊人，识者把他比拟杜甫，称"大杜"、"小杜"以区别。后人评论杜牧的诗像铜丸滚坂，骏马驰坡，意思是能圆快奋急。杜牧美于姿容，喜爱歌舞，风情流露，不能遏制。当时淮南号称繁盛，不亚于京师，而且多名姬绝色，杜牧尽情游赏，以至牛僧孺收到街吏报告杜书记平安的帖子多得装满了一箧。……杜牧有别墅在樊川，著有《樊川集》二十卷，和所注《孙子》都流传下来。同时有个叫严恽的，字子重，也擅长写诗，和杜牧很友好，以《问春诗》知名，过去听说也有文集，如今已没有了。

卷　七

许　浑

许浑生卒年不详。《全唐诗》卷五二八至五三八收他的诗。他的诗属对律切，整密圆润，七律和七绝写得最好。

浑，字仲晦，润州丹阳人，圉师之后也①。大和六年李珪榜进士，为当涂、太平二县令②。少苦学劳心，有清羸之疾，至是以伏枕免③。久之，起为润州司马。大中三年，拜监察御史，历虞部员外郎④、睦郢二州刺史。尝分司朱方⑤，买田筑室，后抱病退居丁卯涧桥村舍，暇日缀录所作，因以名集。浑乐林泉，亦慷慨悲歌之士，登高怀古，已见壮心，故为格调豪丽，犹强弩初张，牙浅弦急⑥，俱无留意耳。至今慕者极多，家家自谓得骊龙之照夜也⑦。……有诗二卷，今传。

【注释】

① 圉师：许圉师，唐高宗时宰相。② 当涂：县名，今安

徽当涂。太平:县名,今安徽太平。③ 伏枕:伏于枕上,指卧床不起。④ 虞部员外郎:尚书省工部所属虞部司的副长官,掌苑囿、山泽草木以及百官蕃客菜蔬薪炭的供给和畋猎之事。⑤ 分司朱方:润州治所丹徒即今江苏镇江,春秋时为吴国朱方之地,这里"分司朱方"即指为润州司马。⑥ 牙:弩机上的部件,控制弓弦。⑦ 骊龙之照夜:骊龙指传说中黑色的龙,颔下有珍贵的珠。照夜,夜光之珠。此句喻得许浑诗作的精髓。

【翻译】

许浑,字仲晦,润州丹阳人,许圉师的后代。大和六年李珪榜进士,任当涂、太平二县县令。许浑年轻时刻苦学习而劳心,身体清瘦有病,这时因卧床不起而免职。过了一段时间,起用为润州司马。大中三年,任监察御史,历任虞部员外郎、睦郢二州刺史。任润州司马时,在那里买田盖房舍,后抱病退隐住在丁卯涧桥村舍,空暇时编录所写的诗作,就题为《丁卯集》。许浑喜爱林泉,也是慷慨悲歌之士,登高怀古,已可见他的壮心,所以作品格调豪迈壮丽,就像强弩初发,牙浅而弦急,没有一丝滞留之意。到现在追慕的还很多,家家都自以为得到了骊龙的照夜珠。……有诗集二卷,至今流传。

雍　陶

雍陶，生卒年均不详。《全唐诗》卷五一八收他的诗。他的诗多五七言绝句，略具风韵。

陶，字国钧，成都人，工于词赋。少贫，遭蜀中乱后①，播越羁旅。……太和八年陈宽榜进士及第，一时名辈，咸伟其作。然恃才傲睨，薄于亲党。其舅云安李钦之下第②，归三峡，却寄陶诗云："地近衡阳虽少雁③，水连巴蜀岂无鱼？"陶得诗颇愧赧④，遂通问不绝。大中六年⑤，授国子《毛诗》博士。与贾岛、殷尧藩、无可、徐凝、章孝标友善⑥，以琴樽诗翰相娱，留长安中。大中末，出刺简州⑦，时名益重，自比谢宣城、柳吴兴⑧，国初诸人书奴耳。宾至，必佯狂挫辱，投贽者少得通⑨。秀才冯道明，时称机捷，因罢举请谒，给阍者曰⑩："与太守有故。"陶倒屣⑪，及见，呵责曰："与足下素昧平生，何故之有？"冯曰："诵公诗文，室迩人远⑫，何隔平生？"吟陶诗数联……陶多其慕己⑬，厚赠遣之，自负如此。后为雅州刺史[14]。郭外情尽桥，乃分衿祖别之所，因送客，陶怪之，遂于上立候馆[15]，改名折柳桥，取古乐府《折杨柳》之义，题诗曰："从来只有情难尽，何事呼为情尽桥？自此改名为折柳，任他离恨一条条。"甚脍炙当时。竟辞荣，闲居庐岳[16]，养痾傲世，与尘事日冥矣。有集五卷，今传。

【注释】

① 蜀中乱：文宗大和三年南诏王嵯巅率众攻陷戎、巂二州并进入成都，"蜀中乱"即指这次战乱。② 云安：县名，今四川云阳。③ 衡阳：县名，今湖南衡阳。④ 愧赧：因惭愧面红耳赤。⑤ 大中：唐宣宗李忱年号，使用于公元 847—860 年间。⑥ 殷尧藩：唐元和年间进士，官永乐令。无可：唐长安僧人。徐凝：本书有传。⑦ 简州：治所在今四川简阳西北。⑧ 谢宣城：谢朓，南朝齐诗人，曾任宣城太守。柳吴兴：柳恽(465—517)，南朝梁诗人，曾任吴兴太守。⑨ 投贽(zhì)：贽是初次求见人所送的礼物，投贽，就是初次求见。通：通报。⑩ 绐(dài)：欺骗。⑪ 倒屣(xǐ 徙)：屣是鞋，我国在唐以前家居多脱鞋席地而坐，客人来，急于出迎，把鞋子倒着穿，叫"倒屣"，后来就把急于迎客称之为"倒屣"。⑫ 室迩人远：《诗·郑风·东门之墠》说："其室则迩，其人甚远。"迩是近，原意男女思慕而不得见，后亦泛用指思念而未能见。⑬ 多：推重，赞美，欣赏。⑭ 雅州：治所在今四川雅安。⑮ 候馆：接待行旅、宾客宿食的馆舍。⑯ 庐岳：指庐山。

【翻译】

雍陶，字国钧，成都人，擅长诗赋。小时候家中很穷，蜀中遭受战乱后，飘流客居。……太和八年，陈宽榜进士及第。一时名流，都很赞赏他的作品，但他恃才傲物，对待亲戚冷淡。他的舅舅云安李钦之考进士落榜，回三峡，就给雍陶寄诗道："地近衡阳虽少雁，水连巴蜀岂无鱼？"雍陶得诗后很惭愧，从此通信问候不断。大中六年，雍陶被任命为国子监《毛诗》博士，和贾岛、殷尧藩、僧无可、徐凝、章孝标友好，常在一起以弹琴饮酒赋诗为乐，留居长安。大中末年，雍陶出任简州刺史，那时他的名声更大了，自比于谢宣城、柳吴兴，而把唐初诸人当作书奴。有客人来访，往往假装发狂挫辱人家，初次求见的人很少能见到他。有个名叫冯道明的秀才，在当时号称机敏，因科举没有考上去拜见雍陶，骗看门的说："我和太守是老交情。"雍陶赶忙去见他，等见到后，斥责说："我和你素不相识，有什么老交情？"冯道明说："读您的诗文，室迩人远，怎能说平生从未见过？"就吟咏了雍陶的几联诗句……雍陶见他仰慕自己，很为欣赏，厚赠把他送走。雍陶的自负就是如此。后来雍陶做雅州刺史，城外有座桥叫情尽桥，是分离送别的地方，有一次雍陶送客人到这里，感到桥名很怪，就在上面建了个候馆，改名为折柳桥，取古乐府《折杨柳》的意思，并题诗道："从来只有情难尽，何事呼为情尽桥？自此改名为折柳，任他离恨一条条。"在当时甚为脍炙人口。雍陶后来辞官，在庐山闲住，养病傲世，和尘俗日渐远离。有集五卷，至今流传。

李商隐

李商隐生于公元812年，卒于公元858年。《全唐诗》卷五三九至五四一收他的诗。他的诗创造了一个朦胧、细美、幽约的境界。有的也能曲折地对政治问题发表意见。前人称中晚唐最善于学习杜甫的，要推他。

商隐，字义山，怀州人也[①]。令狐楚奇其才，使游门下，授以文法，遇之甚厚。开成二年高锴知贡举[②]，楚善于锴，奖誉甚力，遂擢进士。又中拔萃，楚又奏为集贤校理[③]，楚出，王茂元镇河阳[④]，素爱其才，表掌书记，以子妻之。除侍御史。茂元为牛李党[⑤]，士流嗤谪商隐，以为诡薄无行，共排摈之。来京都，久不调，更依桂林总管郑亚府为判官[⑥]。后随亚谪循州[⑦]，三年始回。归穷于宰相绹[⑧]，绹恶其忘家恩，放利偷合，从小人之辟，谢绝殊不展分。重阳日，因诣厅事，留题云："十年泉下无消息，九日樽前有所思[⑨]。"又云："郎君官重施行马，东阁无因许再窥[10]。”绹见之，恻然，乃补太学博士。柳仲郢节度东川[11]，辟为判官。……罢，客荥阳卒。商隐工诗，为文瑰迈奇古，辞难事隐。及从楚学，俪偶长短，而繁缛过之。每属缀，多检阅书册，左右鳞次，号“獭祭鱼”[12]。而旨能感人，人谓其横绝前后。时温庭筠、段成式各以秾致相夸，号“三十六体”[13]。后评者谓其诗如百宝流苏[14]，千丝铁网，绮密瑰妍，要非适用之具，斯言信哉！初得大名，薄游长安，尚希识面，因投宿逆旅，有众客方酣饮，赋《木兰花》诗就，呼与坐，不知为商隐也，后成一篇云：“洞庭波冷晓侵云，日日征帆送远人。几度木兰船上望，不知元是此花身。”客问姓名，大惊称罪。时白乐天老退，极喜商隐文章，曰：“我死后，得为尔儿足矣。”白死数年，生子，遂以“白老”名之，既长殊鄙钝，温飞卿戏曰：“以尔为侍郎后身[15]，不亦忝乎？”……商隐文自成一格，后学者重之，谓“西昆体”也[16]。有《樊南甲集》二十卷，《乙集》二十卷，《玉溪生诗》三卷，初自号“玉溪子”，又赋一卷，文一卷，并传于世。

【注释】

① 怀州：治所在今河南沁阳。② 高锴：唐元和九年进士，历任吏部员外郎、中书令、吏部侍郎。③ 集贤校理：集贤院属官。④ 王茂元(？—843)：唐濮阳(今河南濮阳)人，曾官河阳节度使。河阳：唐建中时置河阳三城节度使，治所在今河南孟县南。⑤ 牛李党：唐穆宗至宣宗时，有以牛僧孺、李宗闵为首和以李德裕为首的朋党之争，史称“牛李

党争”。此处王茂元为牛李党有误，当为李党。李商隐初为属牛党的令狐楚所重，后又入王茂元幕府，并做了王的女婿，因而为牛党诸人忌恨。⑥ 郑亚：唐荥阳（今河南荥阳）人，曾任桂管观察使。⑦ 循州：治所在今广东惠州。⑧ 绹：令狐绹（795—872），令狐楚之子。武宗时任湖州刺史，宣宗时任宰相。⑨ 十年泉下：指令狐楚去世已过十年。樽：酒杯。⑩ 郎君：令狐绹。行马：官署前设立的用交叉木条制成以阻拦人马通行的木栅。东阁：指宰相招致款待宾客的地方。⑪ 柳仲郢：唐京兆华原（今陕西耀县）人，字谕蒙，官剑南东川节度使。⑫ 鳞次：像鱼鳞一样，依次顺序排列。獭（tǎ）祭鱼：獭贪食，常捕鱼陈列水边，如陈物而祭，称祭鱼。后多指用典故堆砌成文为“獭祭”。⑬ 段成式（约803—863）：唐临淄（今山东淄博）人，官至太常少卿，著有《酉阳杂俎》等。三十六体：相传李、温、段三人皆擅骈体文，均排行十六，故称。⑭ 流苏：用五彩羽毛或丝线制成下垂的穗子。⑮ 侍郎：指白居易，曾任刑部侍郎。⑯ 西昆体：北宋初出现的一种诗风，专拟李商隐，追求词藻，堆砌典故。代表作家有杨亿、刘筠、钱惟演等，因所作编为《西昆酬唱集》，故名。

【翻译】

李商隐，字义山，怀州人。令狐楚惊异他的才能，让他在自己门下来往学习，教给他作文章的方法，对待他极为优厚。开成二年高锴主持贡举，令狐楚和高锴关系很好，对李商隐竭力奖掖称誉，于是考中进士。又考中书判拔萃，令狐楚又上奏任他做集贤校理。令狐楚出京外任，王茂元任河阳节度使，一向欣赏他的才华，表奏他掌书记，还把女儿嫁给他。除授侍御史。王茂元是李党，文士们都讥刺谴责李商隐，认为他浮薄没有品行，共同排斥他。李商隐来京城后，长时间得不到任用，又投靠桂林总管郑亚做判官。后来随郑亚贬到循州，三年后才回来。因穷困要依附宰相令狐绹，令狐绹恨他忘了令狐家的恩情，投机苟且，受小人的征辟，谢绝不愿见他。重阳节那天，李商隐到令狐绹的客厅，留题道："十年泉下无消息，九日樽前有所思。"又道："郎君官重施行马，东阁无因许再窥。"令狐绹看后，动了恻隐之心，就补授李商隐为太学博士。柳仲郢做东川节度使，召他做判官。……罢职后，客居荥阳去世。李商隐诗写得好，作文章瑰迈奇古，引用典故僻奥。到跟令狐楚学习，对偶长短，比令狐楚还富丽。每当作文，大量翻阅书卷，左右排列，号称为"獭祭鱼"。而内容很能感动人，被人们称为空前绝后之作。和同时的温庭筠、段成式都以富丽相夸，号称为"三十六体"。后来评论者说李商隐的诗像百宝流苏，千丝铁网，绮密瑰妍，但不是适用的东西，确实如此！开始李商隐得了大名，出游长安，还很少和人相识，就住在旅舍中，有一群客人刚畅饮了酒，作完《木兰花》诗，招呼他一起坐，不知是李商隐，后来李商隐写了一首道："洞庭波冷晓侵云，日日征帆送远人。几度木兰船上望，不知元是此花身。"客人问他姓名，告诉后他们大惊称罪。当时白乐天年老退隐，很喜欢李商隐的文章，说："我死了后，能托生为你儿子就满足了。"白乐天死了几年以后，李商隐生子，就以"白老"命名，等长大了却很愚蠢，温飞卿开玩笑说："把你作为侍郎的后身，不感到惭愧吗?”……李商隐的诗自成一格,为后学推重,称之为“西昆体”。有《樊南甲集》二十卷,《乙集》二十卷,《玉溪生诗》三卷,因为他当初自号“玉溪子”,又有赋一卷,文一卷,都流传于世。

赵 嘏

赵嘏生于公元 806 年[1],卒于公元 852 年。《全唐诗》卷五四九、卷五五〇收他的诗。他的诗律调工稳,清圆流畅。

嘏，字承祐，山阳人[2]。会昌二年郑言榜进士。大中中，仕为渭南尉。一时名士大夫极称道之。卑宦颇不如意。宣宗雅知其名，因问宰相："赵嘏诗人，曾为好官否？可取其诗进来。"读其卷首题秦诗云："徒知六国随斤斧[3]，莫有群儒定是非[4]。"上不悦，事寝[5]。嘏尝早秋赋诗曰："残星数点雁横塞，长笛一声人倚楼。"杜牧之呼为"赵倚楼"，赏叹之也。……嘏豪迈爽达，多陪接卿相，出入馆阁如亲属。然能以书生令远近知重，所谓"一日名动京师，三日传满天下"，有自来矣。命沾仙尉[6]，追踪梅市[7]，亦不恶耳。先，嘏家浙西[8]，有美姬溺爱。及计偕，留侍母。会中元游鹤林寺[9]，浙帅窥见[10]，悦之，夺归。明年，嘏及第，自伤赋诗。……帅闻之，殊惨惨，遣介送姬入长安⑪。时嘏方出关，途次横水驿⑫，于马上相遇，姬因抱嘏痛哭，信宿而卒⑬，遂葬于横水之阳。嘏思慕不已，临终日有所见，时方四十余。今有《渭南集》……行于世。

【注释】

① 嘏：音gǔ。② 山阳：县名，今江苏淮安。③ 六国：指被秦始皇灭掉的赵、韩、魏、齐、楚、燕六国。斤斧：斤也是斧，六国被砍杀，也就是被秦吞灭。④ 莫有群儒定是非：指秦始皇焚书坑儒，再没有儒生来定是非了。⑤ 寝：停止，作罢。⑥ 仙尉：汉代梅福任南昌县尉，王莽专政，他弃家到九江，不知所终，传说去而成仙。⑦ 梅市(fú)：即梅福。因为秦始皇时方士徐福也写成徐市，所以辛文房把梅福称为梅市。⑧ 浙西：唐浙江西道，后又设置浙江西道节度使，治所润州即今江苏镇江。⑨ 中元：旧俗以农历七月十五日为中元节。鹤林寺：唐润州有鹤林寺，始建于晋，故址在今江苏镇江黄鹤山下。⑩ 浙帅：指浙江西道节度使。⑪ 介：介士，即甲士、武士。⑫ 横水驿：在今河南洛阳横水镇。⑬ 信宿：住过两夜。

【翻译】

赵嘏，字承祐，山阳人。会昌二年郑言榜进士。大中年间，任渭南县尉。当时有名的士大夫都很称道他。他官职低微很不如意。宣宗一向知道他的名声，就问宰相："赵嘏是诗人，曾做过好的官职吗？把他的诗送进来。"读他开卷第一首题秦的诗道："徒知六国随斤斧，莫有群儒定是非。"宣宗很不高兴,事情就作罢了。赵嘏曾在早秋天作诗道:"残星数点雁横塞,长笛一声人倚楼。"杜牧称他为"赵倚楼",这是赞美他。……赵嘏性情豪迈爽达,经常接近陪同卿相,出入馆阁,就像他们的亲属。像这样能以书生让远近的人器重,所谓"一日名动京师,三日传满天下",是有来由的。命运沾上仙尉,追踪梅福,也就很不差了。早先,赵嘏家住浙西,有个美姬很受宠爱,到赴京城应考,把她留在家中侍奉母亲。适逢中元节游览鹤林寺,被浙西节度使看见,很喜欢,就抢回府。第二年,赵嘏考中进士,伤感而赋诗。……节度使知道了心中很忧郁,派武士把这美姬送去长安。当时赵嘏正出关,途中停在横水驿,在马上相遇了,美姬抱着赵嘏痛哭,过了两夜死了,就安葬在横水南岸。赵嘏以后时时思念,临死时好像见到了她,这时赵嘏年方四十多。现有《渭南集》……流传于世。

薛 能

薛能生年不详，卒于公元 880 年。《全唐诗》卷五五八至五六一收他的诗。他的诗比较直率，稍欠含蓄。

能，字太拙，汾州人①。会昌六年狄慎思榜登第。大中末书判入等中选，补盩厔尉②。辟太原、陕虢、河阳从事。李福镇滑台③，表为观察判官。历侍御史、都官、刑部员外郎④。福徙帅西蜀，奏以自副。咸通中，摄嘉州刺史。造朝，迁主客、度支、刑部郎中，俄为同州刺史、京兆大尹⑤。出帅咸化⑥，入授工部尚书。复节度徐州，徙镇忠武⑦。广明元年⑧，徐军戍溵水⑨，经许，能以军多怀旧惠，馆待于城中，许军惧见袭，大将周岌乘众疑怒⑩，因为乱，逐能据城，自称留后，数日，杀能并屠其家。能治政严察，绝请谒⑪。耽癖于诗，日赋一章为课。性喜凌人，格律卑卑，且亦无甚高论，尝以第一流自居，罕所拔拂⑫。时刘得仁擅雅称，持诗卷

造能，能以句谢云："千首如一首，卷初如卷终。"盖讥其无变体也！量人如此，非厚德君子。晚节尚浮屠，奉法惟谨。资性傲忽，又多佻轻忤世。及为藩镇，每易武吏。尝命其子属櫜鞬，往拜新进士[13]。或问其故，曰："渠消弭灾咎耳。"今有集十卷及《繁城集》一卷传焉。

【注释】

① 汾州：治所在今山西汾阳。② 盩厔：县名，今陕西周至。③ 李福：唐宗室，李石之弟，官尚书郎，检校工部尚书、滑州刺史、兼御史大夫、郑滑颖观察使。滑台：即滑州，治所在今河南滑县。④ 都官：都官员外郎，尚书省刑部所属都官司副长官，管理俘虏、奴隶的簿录，给以衣粮医药，并审理其诉讼事件。⑤ 同州：治所在今陕西大荔。⑥ 咸化：当为"感化"之误，感化军节度使，治所在徐州（今江苏徐州）。⑦ 忠武：忠武军节度使，治所在许州（今河南许昌）。⑧ 广明：唐僖宗李儇年号，使用于公元880—881年间。⑨ 溵（yīn）水：即溵水，古水名，水源即今河南登封县颍水三源中的中源，颍水东至临颍县西又别出为大溵水、小溵水；大溵水东南至郾城县合汝水，又自汝别出东至商水县入颍水；小溵水东流至郾城东入大溵水。⑩ 岌：音jí。⑪ 请谒：告求。⑫ 拔拂：提拔照顾。⑬ 櫜（gāo 高）鞬：藏箭和弓的器具。后泛指武将的装束。

【翻译】

薛能字太拙，汾州人。会昌六年狄慎思榜进士及第。大中末年又考中书判拔萃科。任盩厔尉。又被征召任太原、陕虢和河阳节度使从事。李福任滑台观察使，上表任他为观察判官。以后又历任侍御史、都官员外郎和刑部员外郎。李福迁任剑南西川节度使，上奏任他为副使。咸通年间，代理嘉州刺史。到朝廷，任主客郎中、度支郎中和刑部郎中，不久任同州刺史、京兆尹。出任感化节度使，入朝任工部尚书。又出任徐州节度使，调任忠武军节度使。广明元年，徐州军远戍溵水，经过许州，薛能因徐州军中多怀念自己，让他们住到城里。许军害怕被袭击，大将周岌乘兵众疑怒，就作乱，驱逐了薛能占据州城，自称留后，过了几天，杀害薛能和他全家。薛能为政严肃明察，禁绝请谒，爱写诗成癖，每天写一篇作为功课。秉性喜欢欺凌他人，自己所作格律卑卑，而且也不见高论，可曾以第一流自居，很少对人照顾提拔。当时刘得仁以擅长写诗见称，拿着诗卷去见薛能，薛能用诗句答谢道："千首如一首，卷初如卷终。"大概讥讽他写诗没有变化吧！对待他人如此，不是厚德君子。晚年崇信浮屠，奉佛法谨敬。性情傲慢，又多以轻佻得罪人。到做节度使，常看不起武官。曾让他儿子穿着武人的装束去拜见新考中的进士。有人问他干什么，他说："给他消除灾咎。"现有集子十卷和《繁城集》一卷传世。

项　斯

项斯，生卒年不详。《全唐诗》卷五五四收他的诗。其诗多五七言近体。

斯，字子迁，江东人也①。会昌四年王起下第二人进士，始命润州丹徒县尉②，卒于任所。开成之际，声价藉甚，特为张水部所知赏③，故其诗格颇与水部相类，清妙奇绝。郑少师薰赠诗云④："项斯逢水部，谁道不关情。"斯性疏旷，温饱非其本心。初筑草庐于朝阳峰前⑤，交结净者⑥，槃礴宇宙，戴蓟花冠，披鹤氅⑦，就松阴，枕白石，饮清泉，长哦细酌，凡如此三十余年。晚污一名⑧，殊屈清致。……杨敬之祭酒赠诗云⑨："几度见君诗总好，及观标格过于诗⑩。平生不解藏人善，到处逢人说项斯。"其名以此益彰矣。集一卷，今行于世。

【注释】

① 江东：江南东道，治所在今江苏苏州。项斯籍贯应是江南东道的台州临海县，即今浙江临海。② 丹徒：县名，今江苏镇江。③ 张水部：张籍，曾任水部员外郎。④ 郑少师薰：郑薰，懿宗时为太常少卿，吏部侍郎，以太子少师致仕。⑤ 朝阳峰：在江苏无锡西南。⑥ 净者：指佛教信徒。⑦ 槃礴(bó)：箕踞，伸开两腿坐，示不拘形迹。鹤氅：鸟羽毛所制的裘，后也专称道服。⑧ 晚污一名：指其晚年擢进士。⑨ 杨敬之：元和进士，官屯田、户部二郎中，贬连州刺史。文宗时官国子祭酒。⑩ 标格：风范、风度。

【翻译】

项斯，字子迁，江东人。会昌四年在王起主持以第二人考中进士科，才被任为润州丹徒县尉，死在任上。项斯在开成年间，名声更高，尤被张水部所赏识，所以他的诗格和张水部很相似，清妙奇绝。少师郑薰赠他诗说："项斯逢水部，谁道不关情。"项斯性情开通旷达，温饱并非本愿。起初在朝阳峰前筑草庐，交结佛徒，槃礴于宇宙之间，头戴蓟花所做的帽子，身披鸟羽制成的裘衣，就着松阴，枕着白石，喝着山泉，长吟细酌，像这样有三十多年。晚年才污于一第，颇损他的清致。……国子祭酒杨敬之赠他诗说："几度见君诗总好，及观标格过于诗。平生不解藏人善，到处逢人说项斯。"他的名声从此更加彰著了。集子一卷，如今流行在世。

郑　嵎

郑嵎①，生卒年及籍贯均不详。《全唐诗》卷五六七收他的《津阳门诗》一首，多记有关唐玄宗、杨贵妃的民间传说。

嵎字宾光，大中五年李部榜进士。有集一卷，名《津阳门诗》。津阳，即华清宫之外阙②。询求父老，为诗百韵，皆纪明皇时事者也。

【注释】

①嵎：音yú。②华清宫：始建于唐贞观十八年，名汤泉宫，咸亨二年改名温泉宫，天宝六年扩建并改华清宫。故址在今陕西临潼骊山西北麓。阙：古代宫殿、祠庙和陵墓前的高建筑物，通常左右各一，这里借用来称宫门。

【翻译】

郑嵎，字宾光，大中五年李部榜进士。有集一卷，叫《津阳门诗》。津阳，就是华清宫的外阙。他访问父老，作排律一百韵，讲的都是唐玄宗时的事情。

方　干

方干生年不详，大约卒于公元874年。《全唐诗》六四八至六五三收他的诗。他与李群玉关系密切，相互唱和，山水诗继承发扬了陶渊明和谢灵运的风格。

干，字飞雄，桐庐人[①]。幼有清才，散拙无营务。大中中举进士不第，隐居镜中[②]。湖北有茅斋，湖西有松岛，每风清月明，携稚子邻叟，轻棹往返[③]，甚惬素心。所住水木幽闷[④]，一草一花，俱能留客。家贫，蓄古琴，行吟醉卧以自娱。徐凝初有诗名[⑤]，一见干器之，遂相师友，因授格律[⑥]。干有赠凝诗云："把得新诗草里论。"时谓反语为村里老，疑干讥诮，非也。干貌陋兔缺[⑦]，性喜凌侮。王大夫廉问浙东[⑧]，礼邀干至，误三拜，人号为"方三拜"。王公嘉其操，将荐于朝，托吴融草表[⑨]，行有日，王公以疾逝去，事不果成。干早岁偕计往来两京[⑩]，公卿好事者争延纳，名竟不入手，遂归，无复荣辱之念。浙间凡有园林名胜，辄造主人，留题几遍。初李频学干为诗，频及第，诗僧清越贺云："弟子已折桂⑪，先生犹灌园⑫。"咸通末卒，门人相与论德考行，谥曰玄英先生。乐安孙郃等缀其遗诗三百七十余篇为十卷⑬。

【注释】

① 桐庐：县名，在今浙江桐庐。② 镜中：指镜湖一带。③ 棹(zhào)：摇船的用具，也指船。④ 幽闲：幽深、僻静。⑤ 徐凝：唐睦州人，官至侍郎，本书有传。⑥ 格律：近体诗关于对仗、平仄、押韵等方面的格式和规律。⑦ 兔缺：兔唇缺口，因而称人的唇缺者为兔缺，即兔唇。⑧ 王大夫：唐王起之子王龟，任浙东观察使。廉问：察问，任观察使。⑨ 吴融：本书有传，已入选。⑩ 偕计：即计偕，本指应征召之人偕计吏同行，后也指举人赴会试为计偕。⑪ 折桂：晋郤诜举贤良对策列最优，自谓"犹桂林之一枝，昆山之片玉"。后因以科举及第为折桂。⑫ 灌园：从事田间劳动。⑬ 乐安：县名，今浙江仙居。孙郃：唐四明(今浙江宁波)人，字希韩，乾宁四年进士，官校书郎。

【翻译】

方干字飞雄，桐庐人。从小就有清才，散拙没有经营什么世事。大中年间举进士科没有考上，在镜湖隐居。湖的北面有茅屋，湖的西面有小岛长着松树，每到月明风清，带着小孩和邻叟，轻舟往返，很感到满足。住的地方水木幽深，一草一花，都使人留连。家里穷，有古琴，吟诗醉卧以娱。徐凝初有诗名,一见方干非常器重,就相为师友,教授方干格律。方干有赠徐凝诗道:"把得新诗草里论。"当时人说诗的反语是村里老,怀疑方干在讥诮徐凝,这就不对了。方干貌丑兔唇,生性喜好凌侮别人。王龟做浙东观察使,礼请方干前去,方干误拜三拜,人们称他为"方三拜"。王龟很赞许他的节操,将向朝廷推荐,托吴融写表,就要发出去,王龟因病去世,这事就没成。方干早年计偕往来两京,公卿中的好事者争相接纳,但最终没有考上,就回乡,不再有荣辱的念头。浙中只要有园林名胜,方干就去拜访主人,几乎所有园林都有他题的诗篇。起先,李频向方干学诗,李频考中进士后,诗僧叫清越的写诗祝贺道:"弟子已折桂,先生犹灌园。"方干咸通末年去世。门人们评论他的品德行为,谥他为玄英先生。乐安孙郃等人收集他的遗诗三百七十多篇,编成十卷。

李　频

李频,生卒年不详。《全唐诗》卷五八七至五八九收他的诗。其诗多五七言近体,属对工稳。

频，字德新，睦州寿昌人①。少秀悟，长庐西山，多记览，于诗特工，与同里方干为师友。给事中姚合时称“诗颖”。频不惮走千里丐其品第②，合见，大加奖挹③，且爱其标格，即以女妻之。大中八年颜标榜擢进士，调校书郎，为南陵主簿。试判入等，迁武功令。频性耿介，难干以非理，赈饥民，戢豪右，于是京畿多赖，事事可传。懿宗嘉之，赐绯银鱼④，擢侍御史。守法不阿，迁都官员外郎。表乞建州刺史⑤，至则布条教，以礼治下。时盗所在冲突，惟建赖频以安。未几卒官下。榇随家归⑥，父老相与扶柩哀悼⑦，葬永乐州⑧，为立庙于梨山，岁时祭祠，有菑沴必祷⑨，垂福逮今。频诗虽出晚年，体制多与刘随州相抗，骚严风谨，惨惨逼人。有诗一卷，今行世。

【注释】

① 寿昌：县名，在今浙江建德县西南。② 惮（dàn）：畏惧。丐：给予。品第：评论并分列等次。③ 奖挹（yì）：赞赏、推重。④ 绯银鱼：唐制五品以上为绯色袍、银鱼饰等。⑤ 建州：治所在今福建建瓯。⑥ 榇（chèn）：棺。⑦ 柩（jiù）：已盛尸体的棺。⑧ 永乐州：应作永洛州，在建州将乐县，即今福建将乐。⑨ 菑沴（zāi lì）：灾害。

【翻译】

李频，字德新，睦州寿昌人。小的时候清秀有悟性，长大后住在西山。博览强记，诗写得特别好，和同乡方干为师友。给事中姚合当时号称“诗颖”。李频不怕远走千里求姚合品评，姚合见他，大加奖赏，并且很喜欢他的风度，就把女儿嫁给他。大中八年李频中颜标榜进士，任校书郎，任南陵主簿，又以书判中选，升迁为武功令。李频性情正直，很难用不合法理的事情去干求他，他赈济饥民，整肃豪右，京畿多靠他治理，所做的事都被传颂。懿宗嘉奖他，赐绯服佩银鱼袋，升为侍御史。守法不阿，迁任都官员外郎。上表乞求外任建州刺史，到任后就颁布条教，用礼法来治理。当时盗贼处处骚扰，只有建州靠了李频得以平安。不久死在任上。棺木要随家属回去，父老争相扶着棺木痛哭，把棺木安葬在永乐州，并在梨山上给李频立了庙，逢年过节祭祀，有灾害必去祈祷，一直赐福到如今。李频诗虽然多作于晚年，风格与刘长卿相上下，风格谨严，惨惨逼人。有诗一卷，如今流行。

李 群 玉

李群玉大约生于公元813年,卒于公元860年。《全唐诗》卷五六八至五七〇收他的诗。他的诗颇讲词藻,具见风光。

群玉，字文山，澧州人也①。清才旷逸，不乐仕进，专以吟咏自适，诗笔遒丽，文体丰妍，好吹笙，善翰墨，如王谢子弟②，别有一种风流。亲友强之赴举，一上即止。裴相公休观察湖南③，厚礼延致之郡中，尝勉之曰："处士被褐怀玉④，浮云富贵，名高而身不知，神宝宁久弃荒途？子其行矣！"大中八年，以草泽臣来京，诣阙上表，自进诗三百篇。休适入相，复论荐。上悦之，敕授弘文馆校书郎。李频使君呼为从兄。……今有诗三卷、后集五卷行世。

【注释】

① 澧(lǐ)州:治所在今湖南澧县。② 王谢:东晋王导、

谢安两家最大的士族，史称“王谢”，后以王谢为高门世族的代称。③ 裴休：唐济源（今河南济源）人，宣宗时官兵部侍郎同中书门下平章事。④ 被褐怀玉：穿粗布衣而怀美玉，比喻人有美德而深藏不露。

【翻译】

李群玉，字文山，澧州人。清才旷逸，不喜欢做官，一心吟诗自适，诗笔遒丽，文体丰妍，喜欢吹笙，擅长书法，像王谢子弟，另有一种风度标格。亲戚朋友强逼着他参加科举考试，考了一次就再不去了。裴休做湖南观察使，厚礼把他请到府中，曾劝勉他道：“处士身穿褐衣而胸怀珠玉，把富贵看做浮云，名高而己不知，但神宝怎能长久遗弃在荒野？你去京城吧！”大中八年，李群玉以草泽之臣来到京城，到宫阙上表，献诗三百首。裴休刚好做宰相，又推荐他。皇上很欣赏，敕授他为弘文馆校书郎。李频刺史称他为从兄。……现有诗集三卷、后集五卷在世上流传。

卷八

于武陵

于武陵，生卒年不详。《全唐诗》卷五九五收他的诗，他对五言诗颇为擅长。

武陵，名邺，以字行，杜曲人也[1]。大中时尝举进士，不称意，携书与琴，往来商洛、巴蜀间。或隐于卜中，存独醒之意。避地嘿嘿[2]，语不及荣贵，少与时辈交游。尝南来至潇湘，爱汀洲芳草，况是古骚人旧国，风景不殊，欲卜居未果，归老嵩阳别墅[3]。诗多五言，兴趣飘逸多感。……集一卷，今传。

【注释】

① 杜曲：古地名，在今陕西西安南郊。② 嘿(mò)：同“默”。③ 嵩阳：县名，今河南登封。

【翻译】

于武陵，名叫邺，以字武陵行世，是杜曲人。大中时曾参加进士科考试，没有如愿，带着琴书，往来于商洛、巴蜀之间。有时混迹于占卜人中，颇有唯我独醒的意思。不声不响地隐居下来，言谈间不再提荣华富贵，很少与当时人交往。曾经南来到潇湘，很喜欢汀洲芳草，况且又是屈原等古代骚人的故乡，风景依然，想在这里居住未成，回到嵩阳别墅终老。于武陵的诗多是五言，兴趣飘逸多感。……集子一卷，至今流传。

温庭筠

温庭筠大约生于公元812年,卒于公元866年。《全唐诗》卷五七五至五八三收他的诗。他的诗感情细腻,艳丽精工,这和他同时又是词的大作家很有关系。

庭筠，字飞卿，旧名岐，并州人，宰相彦博之孙也[①]。少敏悟，天才雄赡，能走笔成万言。善鼓琴吹笛，云："有弦即弹，有孔即吹，何必爨桐与柯亭也[②]！"侧词艳曲[③]，与李商隐齐名，时号"温李"。才情绮丽，尤工律赋[④]。每试，押官韵[⑤]，烛下未尝起草，但笼袖凭几，每一韵一吟而已，场中曰"温八吟"，又谓八叉手成八韵，名"温八叉"。多为邻铺假手[⑥]。然薄行无检幅[⑦]，与贵胄裴诚、令狐滈等饮博[⑧]。后夜尝醉诟狭邪间[⑨]，为逻卒折齿，诉不得理。举进士，数上又不第。出入令狐相国书馆中[⑩]，待遇甚优。时宣宗喜欢歌《菩萨蛮》[⑪]，绹假其新撰进之，戒令勿泄，而遽言于人。绹又尝问玉条脱事，对以出《南华经》[12]，且曰："非僻书，相公燮理之暇[13]，亦宜览古。"又有言曰："中书省内坐将军。"讥绹无学，由是渐疏之。自伤云："因知此恨人多积，悔读《南华》第二篇。"徐商镇襄阳[14]，辟巡官，不得志，游江东。……后谪方城尉[15]……庭筠之官，文士诗人争赋诗祖饯[16]，惟纪唐夫擅场[17]，曰："凤凰诏下虽沾命[18]，鹦鹉才高却累身[19]。"唐夫举进士，有词名。庭筠仕终国子助教。竟流落而死。今有《汉南真稿》十卷、《握兰集》三卷、《金筌集》十卷、《诗集》五卷及《学海》三十卷，又《采茶录》一卷，及著《干䉉子》一卷[20]……并传于世。

【注释】

① 彦博：温彦博(573—636)，唐并州祁县(今山西祁县东南)人，官中书侍郎、中书令。温庭筠为其六世孙。② 爨(cuàn)桐：相传吴人有烧桐木来做饭的，蔡邕听到火爆的声音，知道是良木，就要来制成琴。后人就把爨桐作好琴的代称。柯亭：地名，在今浙江诸暨东北，汉末蔡邕避难于此，用柯亭竹作笛，声音嘹亮，因而柯亭成为好笛的代称。③ 侧词艳曲：侧艳，指文辞艳丽而流于轻佻。侧词艳曲，就是指侧艳的诗词，这里专指诗。④ 律赋：文体名。对偶工整，音律、押韵严格的一种赋，为唐宋科举考试所采用。在题目之外另出八字为韵脚，作八韵。⑤ 官韵：官方规定的韵书，为考试作诗者必须遵守。⑥ 假手：代笔，枪替。⑦ 检幅：检束，检点约束。⑧ 裴诚：当为裴諴(xián)，裴度之子，官职方郎中、太子中允。令狐滈(hào)：宰相令

狐绹之子，历官长安尉、集贤校理、左拾遗等。⑨ 狭邪：娼妓所住的地方。⑩ 令狐相国：指令狐绹，宣宗时官至宰相。⑪ 菩萨蛮：唐教坊曲名，后用作词牌。⑫ 南华经：即《庄子》。唐天宝元年诏称《庄子》为《南华真经》。⑬ 燮（xiè）理：指宰相协调治理天下。⑭ 徐商：字义声，唐新郑（今河南新郑）人，曾任襄州刺史。⑮ 方城：县名，在今河南方城。⑯ 祖饯：设宴饯别出行之人。⑰ 纪唐夫：唐文宗时任中书舍人。擅场：指技艺高超出众。⑱ 凤凰：凤凰池，禁苑中池沼，魏晋南北朝设中书省于禁苑，故称中书省为凤凰池。沾命：指任命官职。⑲ 鹦鹉才高却累身：东汉祢衡尚气刚傲，曹操将其送于刘表，刘表又将其送黄祖，祖长子射命衡作《鹦鹉赋》，辞采华丽，但终被祖杀害。⑳ 筌（quán）：捕鱼用的竹器。膞（sǔn）：切熟肉再煮。

【翻译】

温庭筠，字飞卿，旧名岐，是并州人，宰相温彦博的后代。小时候就很聪明开悟，天才雄赡，能一气呵成万言文章。擅长弹琴吹笛，曾说："有弦就可以弹，有孔就可以吹，为什么一定要爨桐、柯亭！"写侧艳诗篇，和李商隐齐名，当时人称"温李"。才情绮丽，律赋尤其写得好。每次参加考试，押官韵，在灯下从不打草稿，只把双手抄在袖子里靠在几上，每一韵一吟就成，考场中称为"温八吟"，又说八次叉手写成八韵，称为"温八叉"。常替邻座的人代笔。但他品行轻薄没有检束，和贵家子弟裴诚、令狐滈等喝酒赌博。后来有天夜里喝醉酒在娼妓家大闹，被巡逻的士兵打坏了牙齿，上告也没人理会。他曾参加进士科考试，多次没考上。是令狐相国家书馆中的常客，待遇非常优厚。当时宣宗喜欢唱《菩萨蛮》，令狐绹拿温庭筠新写的献上，告诫他不要泄漏，他马上就对别人说了。令狐绹又曾经问玉条脱的故事，温庭筠回答出自《南华经》，并说："这不是偏僻的书，相公处理政事余暇，也应读点古书。"又曾说："中书省内坐将军。"讥笑令狐绹没有学问，因此令狐绹渐渐和他疏远了。他写诗自伤道："因知此恨人多积，悔读《南华》第二篇。"徐商做襄州节度使时，请他做巡官，不得志，去江南游历。……后来贬谪任方城县尉……上任时，文士诗人抢着作诗给他送行，只有纪唐夫的诗写得最好，说："凤凰诏下虽沾命，鹦鹉才高却累身。"纪唐夫举进士科，文词有名。温庭筠做官终于国子助教，竟流落而死。今有《汉南真稿》十卷、《握兰集》三卷、《金筌集》十卷、《诗集》五卷和《学海》三十卷、《采茶录》一卷，以及所著《干𦠆子》一卷……都流传于世。

鱼 玄 机

鱼玄机大约生于公元844年,卒于公元871年。《全唐诗》卷八〇四收她的诗。她的诗清浅婉丽,富有情致。

玄机,长安人,女道士也。性聪慧,好读书,尤工韵调,情致繁缛。咸通中及笄[①],为李亿补阙侍宠。夫人妒,不能容,亿遣隶咸宜观披戴[②]。有怨李诗云:"易求无价宝,难得有心郎。"与李郢端公同巷[③],居止接近,诗筒往反。复与温庭筠交游,有相寄篇什。尝登崇真观南楼[④],睹新进士题名,赋诗曰:"云峰满目放春情,历历银钩指下生[⑤]。自恨罗衣掩诗句[⑥],举头空羡榜中名。"观其志意激切,使为一男子,必有用之才,作者颇赏怜之。时京师诸宫宇女郎,皆清俊济楚,簪星曳月[⑦]。惟以吟咏自遣,玄机杰出,多见酬酢云[⑧]。有《诗集》一卷,今传。

【注释】

① 及笄(jī):古时称女子十五岁为及笄,即成年。② 咸宜观:唐长安道观名。披戴:做女道士,穿上女道士的服装。③ 李郢:唐长安人,大中进士第,任侍御史。端公:唐代侍御史的俗称。④ 崇真观:唐长安道观名。⑤ 银钩:指遒劲的书法笔姿。⑥ 罗衣:罗绮之衣,喻女性。⑦ 济楚:整齐、整洁。簪星曳月:比喻华美的装饰。⑧ 酬酢(zuò):交往应酬。

【翻译】

鱼玄机,长安人,是女道士。生性聪慧,喜好读书,尤长于诗歌,情调风致细腻富丽。咸通年间及笄,为补阙李亿侍妾,很受宠爱。夫人妒忌不容,李亿把她送到咸宜观做女道士。她有怨恨李亿的诗说:“易求无价宝,难得有心郎。”她和侍御史李郢同在一条巷子,住得很近,经常有诗往来。又与温庭筠交游,有相寄诗篇。她曾上崇真观南楼,看到新进士题名榜,写诗道:“云峰满目放春情,历历银钩指下生。自恨罗衣掩诗句,举头空羡榜中名。”可看出她志趣激切,假如是个男子,一定是有用的人才,诗人们都很赞赏怜惜她。当时京城各宫宇的女道士,都清秀端庄,装饰华美,只以写诗消遣。鱼玄机最为杰出,酬唱特别多。有诗集一卷,至今流传。

汪　遵

汪遵，生卒年不详。《全唐诗》卷六〇二收他的诗。他的诗以绝句见长，喜咏史。

遵，宣州泾县人①，初为小吏，昼夜读书良苦，人皆不觉。咸通七年韩衮榜进士。遵初与乡人许棠友善②，工为绝句诗，而深自晦密。以家贫难得书，必借于人，彻夜强记，棠实不知。一旦辞役就贡③，棠时先在京师，偶送客至灞、浐间④，忽遇遵于途，行李索然。棠讯之曰："汪都何事来？"都者吏之呼也。遵曰："此来就贡。"棠怒曰："小吏不忖⑤，而欲与棠同研席乎⑥！"甚侮慢之。后遵成名五年，棠始及第。……有集今传。

【注释】

① 宣州泾县：今安徽泾县。② 许棠：唐宣州泾县人，咸通十二年(871)进士，本书有传。③ 就贡：应试。④ 灞：

灞水，在陕西西安，由蓝田流入渭水。浐：浐水，在陕西西安，源于蓝田，流入灞水。⑤忖：思量，揣度。⑥研席：砚和坐席，指应试考场。

【翻译】

汪遵，宣州泾县人，起初当小吏，日夜刻苦读书，人们都没发觉。咸通七年考中韩衮榜进士。汪遵以前和同乡许棠友好，汪长于做绝句，而深藏不露。因家里很穷不能买书，总向人借，通宵强记，许棠都不知道。一旦辞役进京考试，许棠已先在京城，偶送客人来到灞、浐之间，在路上忽然碰上汪遵，行李很萧条。许棠问他道："汪都来干什么？"都是对小吏的称呼。汪遵回答："这次来参加考试。"许棠生气道："你这个小吏也不思量一下，想和我同坐一个考场吗？"非常轻慢他。后来汪遵已成名五年，许棠才考中进士。……有集子如今流传着。

胡曾

胡曾，生卒年、字号均不详。《全唐诗》卷六四七收他的诗。他的诗以咏史著称，只是通俗而少韵味。

曾，长沙人也。咸通中进士。……曾天分高爽，意度不凡，视人间富贵亦悠悠。遨历四方，马迹穷岁月，所在必公卿馆谷①，上交不谄，下交不渎，奇士也。尝为汉南从事②。作《咏史诗》，皆题古君臣争战废兴尘迹。经览形胜，关山亭障，江海深阻，一一可赏，人事虽非，风景犹昨，每感辄赋，俱能使人奋飞。至今庸夫孺子，亦知传诵，后有拟效者不逮矣。至于近体律绝等，哀怨清楚，曲尽幽情，擢居中品不过也。惜其才茂而身未颖脱③，痛哉！今《咏史诗》一卷，有咸通中人陈盖注，及《安定集》十卷行世。

【注释】

① 公卿馆谷：指食宿于公卿之家。② 汉南：金州在至德二年曾改称汉南郡，治所在今陕西安康。③ 颖脱：本指有才能的人得机会显现出来，后多指科举中式而言。

【翻译】

胡曾，长沙人。咸通年间考中进士。……他天分高爽，意气不凡，把人间富贵荣华看得很淡漠。遨游四方，在马迹中度过时光，到哪里都有公卿留他食宿，和地位高的交往不谄媚，和地位低的交往不轻慢，是一位奇士。曾在汉南任从事。作《咏史诗》，都是题古代君臣争战废兴的陈迹，游览经历的形胜，关山亭障，江海险阻，一一可赏，人事虽已变迁，风景犹如当年，每有感慨就写，都能使人读了有奋飞之感。至今庸夫孺子，也知道传诵。以后有仿效他的都赶不上了。至于他的近体律诗绝句，哀怨清楚，能曲尽幽情，评为中品也不过分。可惜他才虽茂而身未能颖脱，可悲啊！如今他的《咏史诗》一卷，有咸通时人陈盖的注，又有《安定集》十卷都流传于世。

皮 日 休

皮日休大约生于公元 834 年,卒于公元 883 年。《全唐诗》卷六〇八至六一六收他的诗。他的诗颇受白居易的影响,和陆龟蒙的唱和诗,则别具淡泊境界。

日休,字袭美,一字逸少,襄阳人也。隐居鹿门山①,性嗜酒,癖诗,号“醉吟先生”,又自称“醉士”,且傲诞,又号“间气布衣”,言己天地之间气也②。以文章自负,尤善箴铭③。咸通八年,礼部侍郎郑愚下及第④,为著作郎,迁太常博士。时值末年,虎狼放纵,百姓手足无措,上下所行,皆大乱之道。遂作《鹿门隐书》六十篇,多讥切谬政。……日休性冲泊无营,临难不惧。乾符丧乱⑤,东出关,为毗陵副使⑥,陷巢贼中。巢惜其才,授以翰林学士,日休惶恐,跼蹶欲死⑦,未能劫,令作谶文以惑众,曰:“欲知圣人姓,田八二十一⑧;欲知圣人名,果头三屈律⑨。”贼疑其裹

恨必讥己，遂杀之，临刑神色自若，无知不知皆痛惋也。日休在乡里，与陆龟蒙交拟金兰[10]，日相赠和。自集所为文十卷名《文薮》，及《诗集》一卷，《滑台集》七卷，又著《皮氏鹿门家钞》九十卷，并传。

【注释】

① 鹿门山：在今湖北襄樊东南。又名苏岭山。② 间气：古人认为英雄豪杰上应星象，禀天地特殊的气，间世而出，称为“间气”。③ 箴（zhēn）铭：文体名。箴是规戒性的韵文；铭在古代是刻在器物或碑石上，是兼用作规戒、褒赞的韵文。因两种作用有相似之处，故后人多连称。④ 郑愚：唐番禺（今广州南）人。曾官桂管观察使、礼部侍郎、尚书左仆射。⑤ 乾符丧乱：指乾符二年（875）黄巢率众参加王仙芝起义；五年，仙芝战死，黄巢率军南下，经江西、浙江、福建，于次年攻克广州等事。⑥ 毗（pí）陵：郡名，唐天宝、至德时曾改常州为毗陵郡。治所在今江苏常州。⑦ 踧踖（cù）：惊惧不安的样子。⑧ 田八二十一：指“黄”字。⑨ 果头三屈律：指“巢”字。⑩ 金兰：指友情契合；深交。语出《易·系辞上》：“二人同心，其利断金；同心之言，其臭如兰。”

【翻译】

皮日休，字袭美，又字逸少，是襄阳人。在鹿门山隐居，秉性喜欢喝酒，癖好作诗，自号“醉吟先生”，还自称“醉士”，性情且傲慢夸诞，又自号“间气布衣”，说自己是天地的间气。以文章自负，尤其长于写箴铭。咸通八年，在礼部侍郎郑愚主持下考中进士，任为著作郎，迁任太常博士。当时正是唐朝末年，官吏们犹如虎狼纵横，弄得百姓无所措手足，上上下下所做的，都是酿成大乱的一套。于是皮日休撰写《鹿门隐书》六十篇，多讥刺弊政。……皮日休性情冲和淡泊无所营求，遇着危难不畏惧。乾符年间战乱，他东出潼关，去毗陵任节度副使，被黄巢军俘获。黄巢爱惜他有才，任他为翰林学士。皮日休惊惶恐惧，踽踽欲死，黄巢没有能强迫他，叫他制造个谶文来惑众，他写道："欲知圣人姓，田八二十一；欲知圣人名，果头三屈律。"黄巢怀疑他会怀恨讥刺，就把他杀了，临刑时神色自若，无论认识和不认识的都为他痛惜。皮日休在家乡时，和陆龟蒙成金兰之交，每天互相酬唱。自编所写文章十卷叫《文薮》，还有《诗集》一卷，《滑台集》七卷，又著《皮氏鹿门家钞》九十卷，都流传了下来。

陆龟蒙

陆龟蒙生年不详,大约卒于公元 881 年。《全唐诗》卷六一七至六三〇收他的诗。他的诗多写淡泊的生活和感情,但一些小诗讥讽起来也很尖刻。

龟蒙,字鲁望,姑苏人。幼而聪悟,有高致,明《春秋》,善属文,尤能谈笑,诗体江、谢[①],名振全吴。家藏书万卷,少无声色之娱。举进士一不中。尝从张搏游历湖、苏二州,将辟以自佐。又尝至饶州,三日无所诣,刺吏率官属就见,龟蒙不乐,拂衣去。居松江甫里[②],多所撰论。有田数百亩,屋三十楹[③]。田苦下,雨涝则与江通,故常患饥。身自畚锸秣刺无休时[④],或讥其劳,曰:"尧舜霉瘠[⑤],禹胼胝[⑥],彼圣人也,吾一褐衣,敢不勤乎?"龟蒙嗜饮茶,置小园顾渚山下[⑦],岁入茶租,薄为瓯蚁之费[⑧]。著书一编,继《茶经》、《茶诀》之后,又判品张又新《水说》为七种[⑨]。

好事者虽慧山、虎丘、松江不远百里为致之[10]。又不喜与流俗交，虽造门亦罕纳。不乘马，每寒暑得中，体无事，时放扁舟，挂篷席，赍束书、茶、灶、笔、床、钓具，鼓棹鸣榔[11]，太湖三万六千顷，水天一色，直入空明。或往来别浦，所诣少不会意，径往不留。自称“江湖散人”，又号“天随子”、“甫里先生”。汉涪翁、渔父、江上丈人[12]，尝谓即己。后以高士征，不至。苦吟极清丽。与皮日休为耐久交[13]。中和初遘疾卒。……有《笠泽丛书》三卷，诗编十卷，赋六卷，并传。

【注释】

① 江、谢：南朝梁文学家江淹和齐文学家谢朓。② 松江：即今江苏松江。甫里：今江苏苏州的角（lù）直镇。③ 楹（yíng）：这里是计算房屋的单位，一列为一楹。④ 畚（běn）：本指畚箕，这里作动词用指盛土。锸（chā）：本指挖土的锹，这里作动词用指挖土。茠（hāo）：除掉田里的草。刺：这里指铲除。畚锸茠刺总的指在田里劳作。⑤ 霉瘠：黑瘦。⑥ 胼胝（pián zhī）：手脚生长的茧。⑦ 顾渚山：在今浙江长兴西北。⑧ 瓯蚁：瓯是盆盂一类的瓦器。瓯蚁指附着在瓯中的茶味。⑨ 张又新：唐深州陆泽（今河北深县）人，元和九年（814）中状元。嗜茶，著有《煎茶水记》一卷，本书有传。⑩ 慧山：即惠山，在今江苏无锡西郊，惠山山泉有“天下第二泉”之称。虎丘：小山，在今江苏苏州西北角。⑪ 榔：捕鱼时用以敲船驱鱼进网的长木条。⑫ 涪（fú）翁：东汉郭玉，常钓于涪水，故称。渔父：指屈原《渔父》中之渔

父。江上丈人：春秋时伍子胥过荆，丈人渡之，伍子胥以后每食必祭，称江上之丈人。⑬ 耐久交：也称“耐久朋”，能长久保持友谊的朋友。

【翻译】

陆龟蒙，字鲁望，姑苏人。小时候就很聪明开悟，有高尚的品格和情操，通《春秋》，擅长写文章，尤其能言谈说笑，诗歌以江淹、谢朓为体式，名震全吴。家中藏书万卷，年轻时对音乐美色就无兴趣。参加一次进士考试没有考中。曾跟随张搏游历湖、苏二州，张搏要征辟他进幕府任职。又曾去饶州，到了三天不去拜见刺史，刺史带着官属去见他，陆龟蒙不乐意，拂衣离去。隐居在松江甫里，写了很多著作议论。有田几百亩，房屋三十楹。田苦于低下，一有雨涝就和江水相通，因此常常怕打的粮食不够吃。他亲自下田劳作不得休息，有人讥笑他太劳苦，他说：“尧舜又黑又瘦，大禹手脚生茧，那都是圣人，而我一个平民百姓，还敢不勤劳吗？”陆龟蒙很喜欢喝茶，在顾渚山下弄下个小茶园，每年收入茶租，稍可用来作为喝茶之用。写了一本书，继《茶经》、《茶诀》之后，又品评张又新《水说》中水为七等。好事的人虽慧山、虎丘、松江的水，也不远百里给他弄来。他又不喜欢和流俗人交往，这些人虽然登门拜访，他也很少接纳。不乘马，每当寒暑适可，身体没什么毛病，就乘上小船，挂上篷席，带着书卷和茶灶、笔床、钓具，鼓棹鸣榔，在三万六千顷的太湖里，水天一色，直进入空明境界。有时也来往于其他水域，所到的地方稍不如意，就马上离开不停留。自称“江湖散人”，又号“天随子”、“甫里先生”，曾说自己就是汉涪翁、渔父和江上丈人。后来朝廷以高士之名征召他，他不去。苦吟极为清丽，和皮日休为耐久之交。中和初年得病逝世。……有《笠泽丛书》三卷、《诗编》十卷、《赋》六卷，都流传下来。

司 空 图

司空图生于公元 837 年，卒于公元 908 年。《全唐诗》卷六三二至六三四收他的诗。他是唐代著名诗论家，著有《诗品》，主张象外之象和味外之味。所作诗多写隐逸闲情。

图，字表圣，河中人也。父舆，大中时为商州刺史①。图咸通十年归绍仁榜进士。主司王凝初典绛州②，图时方应举，自别墅到郡上谒，去，阍吏遽申③：“司空秀才出郭门。”后入郭访亲知，即不造郡斋④，公谓其尊敬，愈重之。及知贡⑤，图第四人，据同年鄙薄者谤曰⑥：“此司徒空得一名也⑦。”公颇闻，因宴全榜，宣言曰：“凝叨参文柄，今年榜帖，专为司空先辈一人而已⑧。”由是名益振。未几，凝为宣歙观察使⑨，辟置幕府。召拜殿中侍御史，不忍去凝府，台劾，左迁光禄寺主簿⑩。卢相携还朝，过陕虢⑪，访图，深爱重……就属于观察使卢渥曰⑫：“司空御史，高士也！”

渥遂表为僚佐。携执政，召拜礼部员外郎，寻迁郎中。丁黄巢乱，间关至河中⑬，僖宗次凤翔⑭，知制诰、中书舍人。景福中⑮，拜谏议大夫，不赴。昭宗在华州⑯，召为兵部侍郎，以足疾自乞，听还。图家本中条山王官谷，有先人田庐，遂隐不出。作亭榭素室，悉画唐兴节士文人像。尝曰："某宦情萧索，百事无能。量才，一宜休；揣分⑰，二宜休；耄而聩⑱，三宜休。"遂名其亭曰"三休"。作文以伸志，自号"知非子"、"耐辱居士"。言涉诡激不常，欲免当时之祸。初以风雨夜得古宝剑，惨淡精灵⑲，尝佩出入。性苦吟，举笔缘兴，几千万篇。自致于绳检之外⑳。豫置冢棺，遇胜日，引客坐圹中㉑，赋诗酌酒，沾醉高歌。客有难者㉒，曰："君何不广耶？生死一致，吾宁暂游此中哉？"岁时祠祷，与闾里父老鼓舞相乐。时寇盗所过齑粉，独不入谷中，知图贤，如古王蠋也㉓。士民依以避难。后闻哀帝遇弑㉔，不食扼腕，呕血数升而卒，年七十有二。先撰自为文于濯缨亭一鸣窗㉕。今有《一鸣集》三十卷行于世。

【注释】

① 商州：治所在今陕西商县。② 王凝：唐晋阳（今山西太原）人，曾任礼部侍郎，官至宣歙观察使。③ 阍（hūn）吏：守门小吏。遽（jù）：遂，就。④ 郡斋：郡守的府第。⑤ 知贡：知贡举，主持科举考试。⑥ 同年：同榜考中进士的互称"同年"。⑦ 司徒空得一名：把司空图的姓名颠倒说成"司徒空"，空得一名，就是白得一个名额的意思。⑧ 先辈：考中

进士科的互相尊称对方为“先辈”，这里主试者王凝也称司空图为“先辈”。⑨ 宣歙观察使：治所在今安徽宣城。⑩ 光禄寺：主管皇室膳食的官署。⑪ 卢携：唐郑州（今河南郑州）人，僖宗时为相。陕虢：今河南陕县、灵宝一带。⑫ 卢渥：唐范阳（今河北涿县）人，字子章，当时任陕虢观察使。⑬ 间关：历尽道路艰辛。⑭ 僖宗：唐僖宗皇帝李儇，874—888 年在位。⑮ 景福：唐昭宗年号，使用于公元 892—893 年间。⑯ 昭宗：唐昭宗皇帝李晔，889—904 年在位。⑰ 揣（chuǎi）：度量。分（fèn）：本分。⑱ 聩（kuì）：耳聋。⑲ 惨淡：古人认为金气惨淡而白。⑳ 绳检：约束。㉑ 圹：墓穴。㉒ 难（nàn）：诘责，驳诘。㉓ 王蠋：战国齐昼邑（今山东淄博东南）人，乐毅伐齐，听说王蠋贤达，令军环昼邑三十里勿入。㉔ 哀帝：李柷（zhù），为朱全忠所杀。㉕ 濯缨：濯，洗涤；缨，系冠的丝带。《楚辞·渔父》：“沧浪之水清兮，可以濯吾缨；沧浪之水浊兮，可以濯吾足。”后用此喻隐居或清高自守。

【翻译】

司空图，字表圣，河中人。父司空舆，大中时任商州刺史。司空图咸通十年中归绍仁榜进士。主考官王凝起初任绛州刺史，司空图当时准备应科举，从别墅到州衙去拜见王凝，离开时，守门吏报告：“司空秀才出了郭门。”到以后他入郭走访亲友，就不去州衙，王凝认为他对人尊敬，更加看重他。到王凝主持进士考试，司空图以第四人及第，同年里有刻薄的人称他“司徒空得了一名”。王凝听说后，就宴请全榜进士，宣称：“我这次主持考试，今年发榜，就专门为了司空先辈一人。”由此司空图的名声更大了。不久，王凝任宣歙观察使，请他入幕府任职。朝廷召他任殿中侍御史，他不忍离开王凝幕府，被御史台弹劾，降职为光禄寺主簿。宰相卢携回京城，路过陕虢，拜访司空图，对他非常器重……把他嘱托给观察使卢渥，说："司空御史是高士啊！"卢渥就上表请他做幕僚。卢携任宰相，召他做礼部员外郎，不久升迁为郎中。逢上黄巢作乱，他辗转到达河中。僖宗留驻在凤翔中，司空图任知制诰、中书舍人。景福年间，任谏议大夫，没有到任。昭宗在华州，召他任兵部侍郎，以脚有病乞求退休，准许回家。司空图家本在中条山王官谷，有先人留下的田地房屋，于是就在这里隐居不再出山。建造亭榭素室，都画上唐开国以来节士文人的图像。曾说："我对仕宦没有兴趣，什么事都干不来。量我的才，一宜休；度我的分，二宜休；又老又聋，三宜休。"就把筑的亭名为"三休"。写文章来表白抒发自己的心志，自号"知非子"、"耐辱居士"。言辞诡激不常，以图免当前之祸。当初在风雨之夜得到古时的宝剑，金气惨淡而现精光，曾佩带出入。生性爱苦吟，兴致来时就动笔，写了成千上万篇。把自己置于约束之外，提前准备了坟墓棺木，遇上好日子，领朋友坐在墓圹中，喝酒作诗，大醉后放声高歌。有人指责他，他说："你为什么不心胸宽广一些？生死是一样的，我不能在这里暂留一会儿吗？"逢年过节祭祠祈祷，和乡里百姓一起鼓舞欢乐。当时寇盗所过之地都成为齑粉，独独不进王官谷，他们知道司空图是贤人，犹如古时的王蠋那样。士民都依附他避难。后听说哀帝被杀，他绝食扼腕，吐了几升鲜血去世，享年七十二。先在濯缨亭一鸣窗撰集自己的文章。如今有《一鸣集》三十卷流传于世。

卷 九

聂 夷 中

聂夷中生于公元 837 年,卒年已不可考知。《全唐诗》卷六三六收他的诗。他的诗颇能同情农民疾苦,为人们传诵。

夷中，字坦之，河南人也。咸通十二年礼部侍郎高湜下进士，与许棠、公乘亿同袍①。时兵革多务，不暇铨注②，夷中滞长安久，皂裘已弊，黄粮如珠，始得调华阴县尉。之官，惟琴书而已。性俭，盖奋身草泽，备尝辛楚，卒多伤俗闵时之举，哀稼穑之艰难。适值险阻，进退维谷③，才足而命屯④，有志卒爽⑤，含蓄讽刺，亦有谓焉。古乐府尤得体，皆警醒之辞，裨补政治⑥，“乐而不淫，哀而不伤”，正《国风》之义也⑦。其诗一卷，今传。

【注释】

① 许棠:字文化,宣州泾县(今安徽泾县)人,本书有

传。公乘亿：字寿山，魏州（治所今河北大名东北）人，本书有传。同袍：友爱，友好。② 铨注：选授官职。③ 进退维谷：谷是穷，进退维谷，就是进退两难。④ 屯（zhūn）：艰难。⑤ 卒：最后、终于。爽：失、差。⑥ 政治：这是指治理政事，和今天所说的政治不是同一概念。⑦ 乐而……之义：《国风》是《诗经》的一部分，“乐而不淫，哀而不伤”，是《论语·八佾》里的话。

【翻译】

聂夷中，字坦之，河南人。咸通十二年礼部侍郎高湜主考下中进士，和许棠、公乘亿等友好。时值战乱多事，顾不上选授官职，聂夷中滞留长安很长时间，皂裘已坏，米贵如珠，才被任为华阴县尉。到任时，只有琴书而已。聂夷中习性俭朴，大概由于他出身草野，备尝辛苦，就多有感伤时世之举，哀稼穑的艰难。只是生逢险阻，进退两难，才富足而命多舛，有抱负而无法实现，含蓄讽刺，也是有缘故的。写的古乐府尤其得体，都是警醒人们的话，有补于治理政事，“乐而不淫，哀而不伤”，正是《国风》的宗旨。他的诗一卷，至今流传。

唐彦谦

唐彦谦，生卒年不详。《全唐诗》卷六七一、六七二收他的诗。他的诗长于七言，清浅流转，用事精巧。

彦谦字茂业，并州人也。咸通末举进士及第。中和①，王重荣表为河中从事②，历节度副使，晋、绛二州刺史③。重荣遇害，彦谦贬汉中掾④。兴元节度使杨守亮留署判官⑤，寻迁副使，为阆州刺史卒⑥。彦谦才高负气，毫发逆意，大怒叵禁⑦。博学足艺，尤长于诗，亦其道古心雄，发言不苟，极能用事，如自己出。初师温庭筠，调度逼似，伤多纤丽之词。后变淳雅，尊崇工部⑧，唐人效甫者，惟彦谦一人而已。自号“鹿门先生”⑨。有诗集，今传于世，薛廷珪序云⑩。

【注释】

① 中和：唐僖宗年号，使用于公元 881—885 年间。

② 王重荣：唐祁（今甘肃礼县东）人，官河中节度使。③ 晋州：治所在今山西临汾。④ 汉中：即梁州兴元府，唐天宝、至德时，曾改梁州为汉中郡，治所在今陕西汉中。⑤ 杨守亮：唐曹州（今山东曹县）人，官山西南道节度使，山南西道节度使治所在兴元府南郑县即今汉中，所以可说兴元节度使。⑥ 阆（làng）州：治所在今四川阆中。⑦ 叵（pǒ）：不可。⑧ 工部：指杜甫。⑨ 鹿门：山名，在湖北襄阳东南。⑩ 薛廷珪：唐河东（今山西永济）人，官尚书左丞。

【翻译】

唐彦谦，字茂业，并州人。咸通末年进士及第，中和年间，王重荣表请他做河中节度使从事，历任节度副使，晋、绛二州刺史。王重荣遇害，唐彦谦贬为汉中掾。兴元节度使杨守亮留署他为判官，不久升任节度副使，任阆州刺史去世。唐彦谦才高负气，丝毫逆了他的意，就大怒不可止。博学多才，尤长于诗，也由于他道古而心雄，发言不随便，极能运用典故，就像自己的话。起初学习温庭筠，格调风度逼似，可伤于过多纤丽之词。后来变为淳雅，尊崇杜工部，唐代人仿效杜甫诗的，唯有唐彦谦一人而已。自称“鹿门先生”。有诗集，至今流传于世，薛廷珪写的序。

罗 隐

罗隐生于公元 833 年,卒于公元 909 年。《全唐诗》卷六五五至六六五收他的诗。罗隐颇有诗名,讽刺小诗能反映民间疾苦,咏史诗颇有见解。

隐，字昭谏，钱塘人也。少英敏，善属文，诗笔尤俊拔，养浩然之气。乾符初举进士，累不第。广明中，遇乱归乡里。时钱尚父镇东南①，节钺崇重②，隐欲依焉，进谒投素作，遂为掌书记。性简傲，宏谈高论，满座风生，好谐谑，感遇辄发。镠爱其才，前后赐予无数，陪从不顷刻相背，表迁节度判官、盐铁发运使③，未几奏授著作郎。镠初授镇，命沈崧草表谢④，盛言浙西富庶，隐曰："今浙西焚荡之余，朝臣方切贿赂，表奏，将鹰犬我矣。"镠请隐更之。……转司勋郎中。自号"江东生"。魏博节度罗绍威慕其名，推宗人之分，拜为叔父，时亦老矣，尝表荐之。隐恃才忽睨⑤，众颇憎忌。自以当得大用，而一第落落[⑥]，传食诸侯[⑦]，因人成事，深怨唐室，诗文多以讥刺为主，虽荒祠木偶，莫能免者。且介僻寡合，不喜军旅；献酬俎豆间[⑧]，绰绰有余也。隐初贫来赴举，过钟陵[⑨]，见营妓云英有才思[⑩]。后一纪[⑪]，下第过之，英曰："罗秀才尚未脱白[⑫]。"隐赠诗云："钟陵醉别十余春，重见云英掌上身[⑬]。我未成名英未嫁，可能俱是不如人。"与顾云同谒淮南高骈[⑭]，骈不礼，骈后为毕将军所杀[⑮]，隐有延和阁之讥[⑯]。又以诗投相国郑畋[⑰]，畋有女殊丽，喜诗咏，读隐作……切慕之，精爽飞越，莫知所从，隐忽来谒，女从帘后窥见迂寝之状[⑱]，不复念矣。……所著《谗书》、《谗本》、《淮海寓言》、《湘南应用集》、《甲乙集》、《外集》、《启事》等，并行于世。

【注释】

① 钱尚父：指钱镠，唐末任镇海节度使，后梁时封为吴越王、尚父。② 节钺：符节和斧钺，古代授予将帅，作为加重权力的标志。③ 盐铁发运使：主管盐铁的官员。④ 沈崧：唐昭宗时进士，任镇海军掌书记。⑤ 忽睨（nì）：轻忽斜视，看不起别人。⑥ 落落：落落难合。⑦ 传食：辗转受人供养。⑧ 俎豆：本指宴客用的器具，这里引申为宴会。⑨ 钟陵：县名，唐宝应元年（762）以南昌县改置，治所即今江西南昌。⑩ 营妓：古代军中的官妓。⑪ 一纪：岁星（木星）绕太阳一周约需十二年，所以古代称十二年为一纪。⑫ 脱白：脱下白衣，指中举做官。⑬ 掌上身：喻体态轻盈。传说汉武帝后赵飞燕能舞蹈于掌上。⑭ 顾云：唐池州（今

安徽贵池）人，曾在高骈节度幕府任职。⑮ 毕将军：毕师铎。⑯ 延和阁之讥：高骈被杀后，罗隐写了题延和阁诗来讥刺他，延和阁是高骈焚香求仙之处。⑰ 郑畋（tián）：唐荥阳人，僖宗时任兵部侍郎同平章事。⑱ 迂寝：迂腐丑陋。

【翻译】

罗隐，字昭谏，钱塘人。从小英敏，善于写文章，诗尤其俊拔，能养浩然之气。乾符初年参加进士考试，多次都没考中。广明年间，逢上战乱回到家乡。当时钱镠坐镇东南，节钺崇重，罗隐想去依靠，拜见并献上平素所作，罗隐就做了掌书记。罗隐性情疏慢高傲，高谈阔论，满座风生。喜欢戏谑，有感即发。钱镠爱他的才，先后给他数不清的赏赐，让他陪伴跟随着没有一刻分离，上表让他做节度判官、盐铁发运使，不多久又上奏授他为著作郎。钱镠刚做节度使时，让沈崧草拟表章谢恩，表里大讲浙西富庶，罗隐说："现在浙西刚经兵火，朝臣多急于要贿赂，这个表章奏了上去，要叫我们当鹰犬了。"钱镠请罗隐改写。……罗隐又转受司勋郎中。他自号"江东生"。魏博节度使罗绍威仰慕罗隐的名声，以同宗的名分，拜罗隐为叔父，当时罗隐也老了，罗绍威曾上表推荐罗隐。罗隐恃才傲物，人们对他颇为憎恨妒忌。他自以为应被大用，但区区科举也考不上，在诸侯间传食，因人成事，为此深怨唐室，诗文多以讥讽为主，即使荒祠木偶，也不放过。加之性格孤僻，不喜欢军旅；在宴会上应酬，则绰有余裕。罗隐起初穷的时候到京城应举，路过钟陵，见到叫云英的营妓很有才思。十二年后，罗隐又落榜经过这里，云英说："罗秀才还没登第做官。"罗隐写诗相赠道："钟陵醉别十余春，重见云英掌上身。我未成名英未嫁，可能俱是不如人。"罗隐和顾云一同拜见淮南节度使高骈，高骈对他不礼貌，以后高骈被毕师铎所杀，罗隐还写了题延和阁诗来讥讽他。罗隐又把诗投赠宰相郑畋，郑畋有一个女儿很美丽，喜爱诗，读了罗隐的作品……极为仰慕，心驰神往，不知所从，罗隐忽来拜见郑畋，她从帘后窥见罗隐迂腐丑陋，就不再想念了。……罗隐所著《谗书》、《谗本》、《淮海寓言》、《湘南应用集》、《甲乙集》、《外集》、《启事》等，都流传于世。

秦韬玉

秦韬玉，生卒年不详。《全唐诗》卷六七〇收他的诗。他作诗长于七言，细腻而新奇。

韬玉，字中明，京兆人，父为左军将军[①]。韬玉少有词藻，工歌吟，恬和浏亮。慕柏耆为人[②]，然险而好进，谄事大阉田令孜[③]，巧宦[④]，未期年，官至丞郎[⑤]，判盐铁，保大军节度判官[⑥]。僖宗幸蜀，从驾。中和二年礼部侍郎归仁绍放榜，特敕赐进士及第，令于二十四人内安排，编入春榜[⑦]，令孜引擢工部侍郎。韬玉歌诗，每作人必传诵。……今有《投知小录》三卷行于世。

【注释】

① 左军将军：中晚唐的禁军是由宦官统率的左右神策军，但军中的将军并不由宦官充任，秦韬玉父所任左军将军即左神策军里的将军。② 柏耆：唐魏州（今河北大名）

人，左神策军大将军柏良器之子，善纵横之学，以处士任左拾遗、兵部郎中、谏议大夫等职，秦韬玉也是神策军将之子，所以要学他。③ 田令孜（？—893）：唐宦官，恃宠专权，僖宗称之为“阿父”。④ 巧宦：为个人利益而巧于做官，为个人利益会做官。⑤ 丞郎：尚书左右丞和六部侍郎，秦韬玉曾以工部侍郎为令孜神策判官。⑥ 保大军：渭北节度使赐号保大军，治所在今陕西富县。⑦ 春榜：春季中式及第的榜。

【翻译】

秦韬玉，字中明，京兆人，父亲是左军将军。秦韬玉年轻时就很有文采，擅长诗歌，恬和响亮。羡慕柏耆的为人，但冒险进取，谄媚大宦官田令孜，是个巧宦，不到一年，官做到丞郎，判盐铁，保大军节度判官。僖宗驾幸蜀中，秦韬玉随驾前往。中和二年，礼部侍郎归仁绍放进士榜，僖宗特敕赐予秦韬玉进士及第，叫在考中的二十四人中安排，编入春榜，田令孜引擢他做工部侍郎。秦韬玉的歌诗，每写出就被人传诵。……如今有《投知小录》三卷流传于世。

郑　谷

郑谷大约生于公元849年，卒于公元911年。《全唐诗》卷六七四至六七七收他的诗。他的诗境界清远，辞句清新。

谷字守愚，袁州宜春人①。父史，开成中为永州刺史。谷幼颖悟绝伦，七岁能诗。司空侍郎图与史同院，见而奇之，问曰："予诗有病否？"曰："大夫《曲江晚望》云②：'村南斜日闲回首，一对鸳鸯落渡头。'此意深矣。"图拊谷背曰："当为一代风骚主也！"光启三年右丞柳玭下第进士③，授京兆鄠县尉，迁右拾遗、补阙。乾宁四年为都官郎中④，诗家称"郑都官"。又尝赋《鹧鸪》，警绝，复称"郑鹧鸪"云。未几告归，退隐仰山书堂⑤，卒于北岩别墅。谷诗清婉明白，不俚而切，为薛能、李频所赏。与许棠、任涛、张蠙、李栖远、张乔、喻坦之、周繇、温宪、李昌符唱答往还⑥，号"芳林十哲"⑦。谷多结契山僧，曰："蜀茶似僧，未必皆美，不能舍之。”齐己携诗卷来表谒谷，《早梅》云：“前村深雪里，昨晚数枝开。”谷曰：“‘数枝’非早也，未若‘一枝’佳。”己不觉设拜曰：“我一字师也！”尝从僖宗登三峰⑧，朝谒之暇，寓于云台道舍⑨，编所作为《云台编》三卷，归编《宜阳集》三卷，及撰《国风正诀》一卷，分六门，摭诗联，注其比象君臣贤否、国家治乱之意，今并传焉。

【注释】

① 袁州：治所在今江西宜春。② 曲江：曲江池，唐游览胜地，故址在今陕西西安东南。③ 光启：唐僖宗年号，使用于公元885—888年间。柳玭(pín)：唐华原(今陕西耀县)人，昭宗欲用为宰相，为宦官所谗作罢。④ 乾宁：唐昭宗年号，使用于公元894—898年间。⑤ 仰山：大仰山，在江西宜春。⑥ 任涛：唐筠州(今江西高安)人。张蠙：唐清河(今河北清河)人。张乔：唐池州人。喻坦之：唐睦州人。周繇：唐池州人，咸通十三年进士。温宪：唐太原人，温庭筠之子。李昌符：唐宣宗至僖宗时人，咸通四年进士。⑦ 芳林十哲：应作“咸通十哲”，“芳林十哲”另指秦韬玉等十人。⑧ 三峰：指华山的东峰、西峰、北峰。⑨ 云台道舍：华山上的云台道观。

【翻译】

郑谷，字守愚，袁州宜春人。父名史，开成中任永州刺史。郑谷年幼时颖悟绝伦，七岁能写诗。侍郎司空图和郑史同院，见到郑谷后很惊奇，问道：“我的诗有毛病没有？”

郑谷回答道："大夫的《曲江晚望》说：'村南斜日闲回首，一对鸳鸯落渡头。'含意深刻。"司空图拍着郑谷的背说："你当成一代诗坛之主啊！"光启三年，郑谷在尚书右丞柳玭主持下考中进士，任京兆府鄠县尉，升迁右拾遗、补阙。乾宁四年任都官郎中，诗人们称他"郑都官"。郑谷又曾作《鹧鸪》诗，极其精警，人们又称他为"郑鹧鸪"。没多久郑谷辞官回乡，隐居在仰山书堂，在北岩别墅里去世。郑谷的诗清婉而明白，不俗而贴切，很受薛能、李频赏识。他和许棠、任涛、张蠙、李栖远、张乔、喻坦之、周繇、温宪、李昌符往来唱和，号称"芳林十哲"。郑谷多和山中僧人结为朋友，他说："蜀地的茶叶就像僧人一样，未必都好，但不能没有。"齐己带着诗卷来拜见郑谷，其中《早梅》诗说："前村深雪里，昨夜数枝开。"郑谷说："'数枝'就不早了，不如'一枝'更好。"齐己不觉下拜道："你真是我的一字师啊！"郑谷曾跟随僖宗登上华山三峰，朝谒余暇，住在云台道观，编定自己所作为《云台编》三卷，回家乡后又编《宜阳集》三卷，并撰写了《国风正诀》一卷，分为六门，采集诗联，注出比象君臣贤不贤和国家治乱之意，如今都传下来。

齐　己

齐己大约生于公元 863 年，卒于公元 937 年。《全唐诗》卷八三八至八四七收他的诗。他长于五言律诗，于清润平淡中见冷峭之致。

齐己，长沙人。姓胡氏，早失怙恃①。七岁颖悟，为大沩山寺司牧②，往往抒思，取竹枝画牛背为小诗。耆夙异之③，遂共推挽入戒，风度日改，声价益隆。游江海名山，登岳阳，望洞庭④，时秋高水落，君山如黛⑤，唯湘川一条而已，欲吟杳不可得，徘徊久之。来长安数载，遍览终南、条、华之胜⑥。归过豫章⑦……至宜春⑧，投诗郑都官云⑨："自封修药院，别下著僧床。"谷曰："善则善矣，一字未安。"经数日，来曰："'别扫'如何？"谷嘉赏，结为诗友。曹松、方干⑩，皆已良契。性放逸不滞，土木形骸⑪，颇任琴樽之好。尝撰《玄机分别要览》一卷，摭古人诗联，以类分次，仍别风、赋、比、兴、雅、颂，又撰《诗格》一卷，又与郑

谷、黄损等共定用韵[12]，为葫芦、辘轳、进退等格[13]，并其诗《白莲集》十卷，今传。

【注释】

① 怙(hù)恃:《诗·蓼莪》:“无父何怙？无母何恃?”怙是依靠的意思,后因用“怙恃”为父母的代称。② 大沩山寺:大沩山密印寺,在湖南宁乡县西。司牧:放牛。③ 耆夙:耆宿,佛教称出家五十年以上者为耆宿。④ 岳阳:指岳阳楼,在今湖南岳阳。高三层,下瞰洞庭湖,遥望君山。⑤ 君山:洞庭湖里的小山。⑥ 终南:终南山,在陕西西安南。条:中条山,在山西西南。华:华山,在陕西华阴县南。⑦ 豫章:郡名,治所在今江西南昌。⑧ 宜春:县名,在今江西西部。⑨ 郑都官:郑谷曾任都官郎中,因称。⑩ 曹松:唐舒州(今安徽潜江)人。天复元年进士,任校书郎,本书有传。方干:本书有传,已入选。⑪ 土木形骸:形体像土木一样自然,比喻人的本来面目,不加修饰。⑫ 黄损:唐连州(今广东连县)人,后梁进士,仕南汉刘龑(yǎn),官尚书仆射。⑬ 葫芦格:写诗押韵时先二后四,如“东”、“冬”通押,先二韵“东”,后四韵“冬”。先小后大,有如葫芦,故名。辘轳格:双出双入,即律诗第二、四句用甲韵,六、八句用乙韵,两韵相通,此起彼落,似辘轳,故名。进退格:两韵间押,即二、六句用甲韵,四、八句另用与甲韵可通的乙韵,两韵相通,一进一退,故名。均为郑谷、黄损与齐己共定今体诗格。

【翻译】

齐己,长沙人,本姓胡,早年失去父母。七岁时就很聪明，给大沩山寺放牛，常常抒发情思，拿竹枝在牛背上画字作小诗。寺中耆宿很惊奇，都劝他入戒为僧，以后风度日改，名声更大。游江海名山，登岳阳楼，望洞庭湖，正值秋高水落，君山如黛，只见湘水一条而已，想吟诗杳不可得，徘徊了许久。后来到长安几年，遍游终南山、中条山、华山胜境。回去途中经过豫章……到宜春又给郑都官投诗道："自封修药院，别下著僧床。"郑谷说："这好是好，有一字不妥。"过了几天，来见郑谷说："改为'别扫'怎样？"郑谷赞赏，和他结为诗友。曹松、方干都是他的好友。他性情豪逸不滞，土木形骸，颇喜爱弹琴饮酒。曾撰写《玄机分别要览》一卷，选择古人的诗联，按类分编，仍以风、赋、比、兴、雅、颂为别，还写过《诗格》一卷，又和郑谷、黄损等人一起拟定作诗用韵，创葫芦、辘轳、进退等格，和他的诗《白莲集》十卷，如今都流传着。

吴　融

吴融生年不详，卒于公元 903 年。《全唐诗》卷六八四至六八七收他的诗。他的诗在艳丽与淡泊之间，颇见清新。

融，字子华，山阴人①。初力学，富辞调工捷。龙纪元年李瀚榜及进士第②。韦昭度讨蜀③，表掌书记。坐累去官，流浪荆南，依成汭。久之，召为左补阙，以礼部郎中为翰林学士，拜中书舍人。天复元年元旦④，东内反正⑤，既御楼⑥，融最先至，上命于前座跪草十数诏，简备精当，曾不顷刻，皆中旨，大加赏激，进户部侍郎。帝幸凤翔，融不及从，去客阌乡⑦，俄召为翰林承旨，卒。为诗靡丽有余，而雅重不足。集四卷及制诰一卷，并行。

【注释】

① 山阴：唐分会稽置山阴，与会稽同城而治，在今浙

江绍兴。② 龙纪：唐昭宗年号，使用于公元 889 年。③ 韦昭度：唐京兆人，曾官兵部尚书，讨平李昌符之乱，昭宗时授西川节度使。④ 天复：唐昭宗年号，使用于公元 901—904 年间。⑤ 东内：即唐大明宫，因在长安城东北，称东内，昭宗曾在此被宦官刘季述等所废，这时复位。反正：复位。⑥ 楼：西内南边的长乐门门楼。⑦ 阌（wén）乡：今属河南，位于河南、陕西、山西交界处。

【翻译】

吴融字子华，山阴人。幼年勤学，富于辞调，既工又敏捷。龙纪元年李瀚榜进士及第。韦昭度伐蜀，表请他掌书记。后受连累罢官，流浪到荆南，依附成汭。过了很久，被召回为左补阙，以礼部郎中任翰林学士，又拜授中书舍人。天复元年元旦，东内复位，昭宗既御长乐门楼，吴融最先到，昭宗叫他在前座跪着写了十几个诏书，简备精当，用不了好多时间，都合昭宗旨意，大为赞赏，晋升为户部侍郎。昭宗出幸凤翔，吴融没来得及跟随，出京客居阌乡，不久召为翰林承旨，去世。他的诗靡丽有余，而雅重不足。集子四卷和制诰一卷都流传。

韩　偓

韩偓生于公元 844 年，大约卒于公元 923 年。《全唐诗》卷六八〇至六八三收他的诗。他的感时诗写得颇为苍凉，爱情诗却情思缠绵婉转，都具特色。

偓，字致尧，京兆人。龙纪元年礼部侍郎赵崇下擢第①。天复中，王溥荐为翰林学士②，迁中书舍人。从昭宗幸凤翔，进兵部侍郎、翰林承旨。尝与崔胤定策诛刘季述③。昭宗反正，论为功臣。帝疾宦人骄横，欲去之，偓画策称旨，帝前膝曰："此一事终始以属卿。"偓因荐座主御史大夫赵崇，时称能让。李彦弼倨甚④，因谮偓漏禁省语⑤，帝怒曰："卿有官属，日夕议事，奈何不欲我见韩学士邪？"帝励精政事，偓处可机密⑥，卒与上意合，欲相者三四，让不敢当。偓喜侵侮有位，朱全忠亦恶之⑦，乃构祸贬濮州司马⑧。帝流涕曰："我左右无人矣。"天祐二年⑨，复召为学士，偓不敢入朝，挈

其族南依王审知而卒[10]。偓自号“玉山樵人”，工诗，有集一卷，又作《香奁集》一卷，词多侧艳情巧，又作《金銮密记》五卷，今并传。

【注释】

① 赵崇：唐昭宗时任礼部侍郎、检校司空兼太子太保等职。② 王溥：拥昭宗复位有功，以中书侍郎同平章事。③ 崔胤：唐昭宗时任户部侍郎同中书门下平章事。刘季述：昭宗时宦官，与王仲先等图谋废帝，事败被杀。④ 李彦弼：本姓董，为右军清远都将，诛刘季述有功赐姓李，后又勾结宦官劫昭宗，被杀。⑤ 禁省：即禁中，皇帝宫中。⑥ 处可：处分许可，处理。⑦ 朱全忠：朱温(852—912)，初参加黄巢起义，后降唐，赐名全忠。因镇压黄巢义军有功，封梁王。天祐四年，代唐称帝，国号梁。⑧ 濮州：治所在今山东鄄城北部。⑨ 天祐：唐昭宗年号，使用于公元 904—907 年间。⑩ 王审知(862—925)：威武军节度使，后梁时为闽王。

【翻译】

韩偓，字致尧，京兆人。龙纪元年礼部侍郎赵崇主持下考中进士。天复年间，王溥推荐他做翰林学士，后升为中书舍人。跟随昭宗出幸凤翔，升任兵部侍郎、翰林承旨。曾和崔胤一起决策诛杀刘季述。昭宗复位后，他被论为功臣。昭宗痛恨宦官骄横，想把他们除掉，韩偓策划合昭宗的旨意，昭宗移动膝盖向前道：“这件事自始至终得交给卿了。”韩偓就推荐座主御史大夫赵崇，当时人都称赞韩偓能谦让。李彦弼极为骄横，诬告韩偓泄露禁中机密，昭宗生气说："卿有官属，朝夕议事，怎么不让我见韩学士啊？"昭宗励精图治，韩偓处理机密，都合乎昭宗旨意，昭宗先后三四次想要任他为宰相，韩偓推让不敢当。韩偓爱侵侮当权的，朱全忠也厌恶他，就制造事端把他贬为濮州司马。昭宗流着泪说："我左右没有人了。"天祐二年，又召他做学士，韩偓不敢入朝，带着他的家族到南方依附了王审知并死在那里。韩偓自号"玉山樵人"，诗写得好，有集一卷，又作《香奁集》一卷，词多是侧艳新巧，又作《金銮密记》五卷，如今都流传。

卷十

徐 寅

徐寅，生卒年不详。《全唐诗》卷七〇八至七一一收他的诗。其诗以近体传世，尤多七律。

寅，莆田人也①。大顺三年蒋咏下进士及第②。工诗，尝赋路傍草云："楚甸秦川万里平③，谁教根向路傍生。轻蹄绣毂长相蹋④，合是荣时不得荣⑤。"时人知其蹭蹬⑥，后果须鬓交白，始得秘书省正字。竟蓬转客途，不知所终云。有《探龙集》五卷，谓登科射策如探睡龙之珠也⑦。

【注释】

① 莆田：县名，在今福建莆田。② 大顺：唐昭宗年号，使用于公元890—891年间。③ 楚甸：指江汉平原。秦川：指渭河平原。④ 轻蹄绣毂：泛指贵人的马和车子。⑤ 荣：字面是指草长得荣即长得茂盛，同时也可理解为人的荣华

不荣华。⑥ 蹭蹬：指人的失意、潦倒。⑦ 探睡龙之珠：比喻得之不易。

【翻译】

徐寅，是莆田人。大顺三年蒋咏主考他进士及第，诗写得好，曾吟路旁草道："楚甸秦川万里平，谁教根向路傍生。轻蹄绣毂长相蹋，合是荣时不得荣。"当时人知道他会一生潦倒失意，后来果然须发皆白，才做到秘书省正字。最后辗转流离，不知所终。有《探龙集》五卷，意思是登科对策就像猎取睡龙的宝珠一样不容易。

韦 庄

韦庄大约生于公元836年，卒于公元910年。《全唐诗》卷六九五至七〇〇收他的诗。他的诗较为清丽，情思真挚婉转，没有收入《浣花集》的《秦妇吟》尤为脍炙人口之作。

庄，字端己，京兆杜陵人也。少孤贫，力学，才敏过人。庄应举，正黄巢犯阙①，兵火交作，遂著《秦妇吟》，有云："内库烧为锦绣灰，天街踏尽却重回②。"乱定，公卿多讶之，号为"秦妇吟秀才"。乾宁元年苏检榜进士③，释褐授校书郎。李询宣谕西川④，举庄为判官。后王建辟为掌书记⑤。寻征起居郎，建表留之。及建开伪蜀，庄托在腹心，首预谋画，其郊庙之礼，册书赦令，皆出庄手，以功臣授吏部侍郎同平章事。……庄自来成都，寻得少陵所居浣花溪故址，虽芜没已久，而柱砥犹存，遂诛茅重作草堂而居焉⑥。……弟蔼，撰庄诗为《浣花集》六卷，及庄尝选杜甫、王维等五十二人诗为《又玄集》，以继姚合之《极玄》，今并传世。

【注释】

① 犯阙：指黄巢起义军于881年攻入长安城。② 天街蹈尽却重回：据敦煌写本《秦妇吟》，应作“天街蹈尽公卿骨”。③ 苏检：唐乾宁元年进士，光启时为宰相。④ 李询：时任两川宣谕和协使。⑤ 王建：唐昭宗时任西川节度副使，后梁时自立为蜀帝。⑥ 诛茅：剪茅草盖屋。

【翻译】

韦庄，字端己，京兆府杜陵县人。从小孤贫，勤奋学习，才思过人。到长安应举，正值黄巢进军京城，兵火交作，就写下了《秦妇吟》，吟中说：“内库烧为锦绣灰，天街蹈尽却重回。”乱定以后，公卿多讶怪他，称他为“秦妇吟秀才”。乾宁元年考中苏检榜进士，进入仕途任为校书郎。李询任两川宣谕使，擢用韦庄做判官。以后王建又用他为掌书记。朝廷征召他为起居郎，王建上表把他留下。等到王建建立伪蜀，韦庄被视为他的心腹，一开始就参与谋划，郊庙之礼和册书赦令，都出自韦庄之手，因是功臣授为吏部侍郎同平章事。……韦庄自从来到成都，找到杜少陵所住过的浣花溪故址，虽荒芜已久，但柱础还在，就诛茅重建草堂居住。……他的弟弟韦蔼收集韦庄诗作成《浣花集》六卷，韦庄还曾选录杜甫、王维等五十二人的诗为《又玄集》，以接续姚合的《极玄集》，如今都流传于世。

曹 松

曹松,生卒年不详。《全唐诗》卷七一六、七一七收他的诗。他作诗学贾岛苦吟,长于五言律。

松,字梦徵,舒州人也①。学贾岛为诗,深入幽境,然无枯淡之癖。尤长启事②,不减山公③。早岁未达,尝避乱来栖洪都西山④。初在建州依李频⑤,频卒后,往来一无所遇。光化四年,礼部侍郎杜德祥下与王希羽、刘象、柯崇、郑希颜同登第⑥,年皆七十余矣,号为“五老榜”。时值新平内难,朝廷以放进士为喜,特授校书郎而卒。松野性方直,罕接俗事,故拙于进宦,构身林泽,寓情虚无,苦极于诗,然别有一种风味,不沦乎怪也。集三卷,今传。

【注释】

① 舒州:治所在今安徽潜山。② 启事:陈述事情的书

函。③ 山公：指山涛(205—283)，竹林七贤之一，任吏部尚书时，对所选用的人才都作启事加以品评，时称“山公启事”。④ 洪都：洪州，治所在今江西南昌。⑤ 建州：治所在今福建建瓯。李频：时任建州刺史，本书有传，已入选。⑥ 光化：唐昭宗年号，使用于公元 898—901 年间。杜德祥：杜牧侄，官至礼部侍郎。王希羽：池州(今安徽贵池一带)人。刘象：京兆人。柯崇：闽(今福建)人。郑希颜：闽人。

【翻译】

曹松，字梦徵，舒州人，作诗学习贾岛，深入幽境，但没有枯淡的毛病。尤其能写启事，不亚于山公。早年没有成名时，曾避乱栖居洪都西山。起初在建州依靠李频，李频死后，他往来再无所遇合。到光化四年，在礼部侍郎杜德祥主持下和王希羽、刘象、柯崇、郑希颜同时中进士，年龄都已七十多岁了，号称“五老榜”。当时正值新平内乱，朝廷以放进士榜为欢庆，特授他做校书郎后去世。曹松性情粗放刚正，很少接触世俗之事，因此拙于仕宦，栖身于林泽之间，寄情虚无，苦心赋诗，别有一番情趣，而不沦于怪。有集三卷，至今流传。

贯　休

贯休生于公元 832 年，卒于公元 912 年。《全唐诗》卷八二六至八三七收他的诗。他的诗题材广泛，其中边塞诗以雄放奇崛见长。

休，字德隐，婺州兰溪人[①]，俗姓姜氏。风骚之外，尤精笔札。荆州成中令问以书法[②]，休勃然曰："此事须登坛而授，安可草草而言？"中令衔之[③]，乃递入黔中[④]，因为《病鹤诗》以见志云："见说气清邪不入，不知尔病自何来？"初，昭宗以武肃钱镠平董昌功[⑤]，拜镇东军节度使，自称吴越王；休时居灵隐，往投诗贺，中联云："满堂花醉三千客，一剑霜寒十四州。"武肃大喜，然僭侈之心始张，遣人谕令改为"四十州"，乃可相见。休性躁急，答曰："州亦难添，诗亦难改。余孤云野鹤，何天不可飞？"即日裹衣钵，拂袖而去。至蜀，……赐号"禅月大师"。后顺寂[⑥]，敕塔葬丈人山青城峰下[⑦]。有集三十卷，今传。

【注释】

① 兰溪：县名，今浙江兰溪。② 荆州成中令：荆南节度使成汭，加有中书令职衔，所以说“成中令”。③ 衔：恨。④ 黔中：黔州，治所在今四川彭水。⑤ 钱镠：五代吴越政权的建立者，死后谥武肃。董昌：唐临安(今浙江临安)人，在当地割据，为钱镠所杀。⑥ 顺寂：圆寂，僧人去世叫圆寂。⑦ 丈人山青城峰：在四川灌县东南。

【翻译】

贯休，字德隐，婺州兰溪人，俗姓姜。贯休除咏诗之外，更精于笔札。荆州成中令曾向他求教书法，他勃然发怒道：“这事必须登坛讲授，怎能随便讲说！”成中令怀恨在心，把贯休递送去黔中，为此贯休写下了《病鹤》以见志说：“见说气清邪不入，不知尔病自何来？”当初，昭宗因武肃钱镠有平定董昌功劳，拜授钱为镇东军节度使，钱又自称吴越王。贯休当时住在灵隐寺，就前去送给他一首诗表示祝贺，中联是：“满堂花醉三千客，一剑霜寒十四州。”钱非常高兴，但这时正起僭侈之心，派人叫贯休改成“四十州”后，才可相见。贯休性情急躁，回答说：“州也难添，诗也难改。我这个人如同孤云野鹤，哪一方天空不可飞翔？”当天收拾了衣钵，拂袖而去。到蜀地，……赐号“禅月大师”。后来圆寂，敕命塔葬于丈人山青城峰下。有集三十卷，至今流传。

唐　求

唐求，唐、五代时人，生卒年不详。《全唐诗》卷七二四收他的诗。他的诗流传不多，均五七律。

求，隐君也，成都人。值三灵改卜[①]，绝念鼎钟[②]，放旷疏逸，出处悠然，人多不识。方外物表[③]，是所游心也[④]。酷耽吟调，气韵清新，每动奇趣，工而不僻，皆达者之词。所行览不出二百里间，无秋毫世虑之想。有所得，即将稿捻为丸，投大瓢中。或成联、片语，不拘长短，数日后足成之。后卧病，投瓢于锦江，望而祝曰："兹瓢倘不沦没，得之者始知吾苦心耳。"瓢泛至新渠，有识者见曰："此唐山人诗瓢也。"扁舟接之，得诗数十篇。求初未尝示人，至是方竞传，今行于世。后不知所终。

【注释】

① 三灵改卜：三灵指天、地、人，三灵改卜指改朝换代。② 鼎钟：均为古代彝器，上刻铭功纪德文字。指建立功业。③ 方外物表：世俗之外，尘世之外。④ 游心：留心，寄心。

【翻译】

唐求，是隐士，成都人。他正当改朝换代之时，因此断绝了建功立业的念头，旷达放逸，出处随便，人们对他多不相识。尘世之外的事情，才是他所寄心。他酷爱吟诗，气韵清新，常产生奇趣，工而不僻，都是达者的语句。他所活动不出于二百里之间，没有丝毫俗念。有所得，就把稿子揉成一团，投到一个大瓢里。有的已写成联，有的只是一句话，不拘长短，几天后再补足成篇。后来有病卧床，就把大瓢投到锦江中，看着祷告说："这个瓢如果不沉没，得到它的人才能知道我的苦心。"大瓢漂到新渠，有知道的人看到说："这是唐山人的诗瓢。"划小船把它捞起，得到诗稿几十篇。唐求起初并没有给人看，这时才被人们竞相传播，至今流传于世。唐求后来不知所终。

孟宾于

孟宾于大约生于公元 904 年,卒于公元 983 年。《全唐诗》卷七四〇收他的八首诗,都是五七言近体。

宾于,字国仪,连州人①。聪敏特异,有乡曲之誉。垂髫时书所作百篇②,名《金鳌集》,献之李若虚侍郎③。若虚采猎佳句,记之尺书④,使宾于驰诣洛阳,致诸朝达,声誉蔼然⑤,留寓久之。晋天福九年⑥,礼部侍郎符蒙知贡⑦,宾于帘下投诗……蒙得诗以为相见之晚,遂擢第,时已败六举矣。与诗人李昉同年情厚⑧。后宾于来仕江南李主,调淦阳令⑨,因犯法抵罪当死,会昉拜翰林学士,闻在缧绁,以诗寄之……后主偶见诗⑩,遂释之。迁水部郎中,又知丰城县⑪。兴国中致仕⑫,居玉笋山⑬,年七十余卒。自号"群玉峰叟"。有集今传。

【注释】

① 连州：治所在今广西连县。② 垂髫：古时童子未冠者头发下垂，因此以“垂髫”指童年或儿童。③ 李若虚：时任工部侍郎。④ 尺书：书信。⑤ 蔼：本指树木果实繁茂，引申为盛。⑥ 天福：后晋高祖石敬瑭年号，使用于公元936—942年间。⑦ 符蒙：后唐同光三年进士，入后晋官礼部侍郎。⑧ 李昉：仕后汉、后周，入宋任中书侍郎平章事。⑨ 滏阳：当作“淦阳”，即新淦县的别称，新淦即今江西新干。⑩ 后主：南唐后主李煜。⑪ 丰城：县名，今江西丰城。⑫ 兴国：太平兴国，宋太宗年号，使用于公元976—984年间。⑬ 玉笋山：当为玉筍山，在江西永新。

【翻译】

孟宾于，字国仪，连州人。聪敏过人，很受乡里的称赞。儿童时就写下了百篇诗作，取名《金鳌集》，献给李若虚侍郎。李选择了好的句子，记在书信上，让孟宾于驰往洛阳，送给朝中显贵们，声名盛传，留居了好久。后晋天福九年，礼部侍郎符蒙主持科举，孟宾于在帘下投诗……符蒙得诗认为相识恨晚，就使他登第，前此孟宾于已六次失败了。孟宾于和诗人李昉是同年，交情深厚。后来孟在江南李后主那里做官，调任新淦县令，因犯法当处死罪，正好李昉拜授翰林学士，听说孟被囚禁，写诗寄给他……南唐后主偶然见到，就释放了孟。孟迁任为水部郎中，又知丰城县，太平兴国年间退休，住在玉笋山，七十多岁逝世。孟自号“群玉峰叟”。有集至今流传。

编 后 记

2011年我社出版了“古代文史名著选译丛书(134种)”,该丛书是由全国高校古籍整理委员会主持,汇集北京大学、复旦大学等十八所高校古籍所专家学者力量完成的一部高水平、高质量的传统文化普及读物。出版后也得到了读者认可,获得业内好评。

该丛书于2016年入选国家新闻出版广电总局评选的“首届向全国推荐中华优秀传统文化普及图书”名单。为了更好地传播优秀传统文化,我们从中精选了30种文史经典,重新修订、设计,作为珍藏版呈现给读者。

中华优秀传统文化不仅是中华民族的宝贵财富,也是中华民族的精神家园。凤凰出版社谨向为本丛书的编辑出版付出巨大心血的专家学者致以崇高敬意!

古代文史名著选译丛书（珍藏版）书目

书名	译注者	审阅者
论语注译	孙钦善	宗福邦
老子注译	张玉春　金国泰	安平秋
庄子选译	马美信	章培恒
孟子选译	刘聿鑫　刘晓东	黄　葵
荀子选译	雪　克　王云路	董治安　许嘉璐
诗经选译	程俊英　蒋见元	刘仁清
楚辞选译	徐建华　金舒年	金开诚
左传选译	陈世铙	董治安
史记选译	李国祥　李长弓　张三夕	安平秋
汉书选译	张世俊　任巧珍	李国祥
后汉书选译	李国祥　杨　昶　彭益林	许嘉璐
三国志选译	刘　琳	黄　葵
资治通鉴选译	李　庆	黄永年
文心雕龙选译	周振甫	黄永年
世说新语选译	柳士镇　钱南秀	周勋初
颜氏家训选译	黄永年	许嘉璐
陶渊明诗文选译	谢先俊　王勋敏	平慧善
李白诗选译	詹　锳等	章培恒
杜甫诗选译	倪其心　吴　鸥	黄永年
李商隐诗选译	陈永正	倪其心
王维诗选译	邓安生　刘　畅　杨永明	倪其心
苏轼诗文词选译	曾枣庄　曾　弢	章培恒
李清照诗文词选译	平慧善	马樟根
辛弃疾词选译	杨　忠	刘烈茂
王阳明诗文选译	吴　格	章培恒
唐才子传选译	张　萍　陆三强	黄永年
徐霞客游记选译	周晓薇　马雪芹　焦　杰	黄永年　马樟根
阅微草堂笔记选译	黄国声	安平秋
西厢记选译	王立言	董治安
聊斋志异选译	刘烈茂　欧阳世昌	章培恒